将来への備えは賢く、楽しく！

ひとりシニアの お金と暮らしの基本

Fundamentals of money and living for single seniors

深川恵理子
Fukagawa Eriko
著

ナツメ社

不安な老後の救世主、現る!?

確かに、老後はそんなに先の話じゃないわよね
ミキさんまで！老後のことなんて心配したって仕方がないじゃないの今楽しく生きるのが一番よ！
やだわ〜
ユメコさんそれはちょっと楽観的すぎない？
そうよちゃんと考えておかなくちゃ
ずいっ
なんてったって私たちおひとりさまなんだし
その通り！ところでユメコさん老後に備えてちゃんと貯金してる？
貯金？そんなのたいしてしてないわよ
いざとなったらどうにかなるでしょ！
も〜 また〜
まったく困ったわね〜じゃあこの本ユメコさんに貸してあげる
お金と暮らしの基本
60代からでも間に合う！
ふかえり先生？
そう最近私ふかえり先生の本を読んでお金の勉強してるの
さすがミキさんだわ
今度先生のセミナーがあるみたいなの
一緒に行かない？
ワイ
ワイ
ぜひ行きたいわ！
・・・
ちゅー
ユメコさんも行くのよ！
やっぱり？
はーーーーい

セミナー会場にて
わかりやすいお話だったわ〜
ほんとさすがふかえり先生！
あ、あそこで本にサインしてくれるみたいよ！
セミナー会
私、先生の話聞いてなんだか安心しちゃった
老後なんて怖くないわっ!!
ユメコさんの安心はなんだか心配ね…
ありがとうございましたっ！
ありがとう
勉強になりました！
私、友達にも配りたいので3冊買いますっ！
やった〜サインもらっちゃった！
ハハハ
私もう服や靴は買わないで節約する
おしゃれより老後のお金が大事だもの!!
さすがヤヨイさん……あ、なんか喉渇いちゃった
ちょっとユメコさん夕食のお店すぐそこなのに…
ド
ちょっとあなたたち!!
ふかえり先生!?

あなた今 ジュース 買ったわよね
ハ、ハイ…
つっ
今からご飯に行くのに ジュースを買うなんて あきれた!
あなた一体 私の話の何を 聞いてたの!?
それにあなた! さっき本３冊 買ったでしょ!
ハ、ハイ
ビクッ
友達に配らず自分の分だけ 買えばいいの! それ 見えない無駄遣いよ!
ぐりんっ
そして あなた!
おしゃれを我慢して 老後のお金って 私そんなこと 言ってないわよ!
私、おしゃれ大好きよ
ハ、ハイ…
バッ
ステキ…

まったくあなたたち 私の言ったことを 間違って解釈するなんて 営業妨害だわっ!

しゅん…

……仕方ないわね! 特別にいろいろ教えてあげる 私、困った人を ほっとけないたちなのよ!

パアアアア
せ、先生〜!

んもう
ひとりシニアの お金や暮らしのこと これからビシバシ 教えていくわよ!

覚悟して 頂戴!

ハイッ!!!

はじめに

気がついたら、シニアといわれる年齢。
仕事はもうちょっと続けるけれど、いつまでも働けるわけじゃないし、
年金は少ないし、ひとりだから、やっぱり老後が心配……。
そんなふうに不安を感じて、この本を手に取られたのではないでしょうか？

安心してください！
この本を読んで、すぐに行動に移せば、そんな不安はすぐになくなります。

でも、まずは「お金と仲良くする！」と覚悟を決めてください！
誰もあなたの代わりにお金を貯めてくれません。
たとえ、夫やパートナーがいたとしても、最後まで守ってくれるでしょうか？
ひょっとしたら、あなたが介護をすることになるかもしれませんし、
男性が先に亡くなる可能性は大きいです。
結婚していても、いつかはひとり。

自分の老後の準備はどんな立場の女性もしておかなくてはなりませんし、
自分の人生ですから、好きなように自由に生きていきたいですよね。

とは言っても、「お金のことは苦手なんです……」と思っていませんか?
それは、お金が苦手なのではなく、貯蓄や投資、管理する方法をよく知らないだけ。
だから、ちょっとだけ勉強してください。

今までの自分を責めないでくださいね。そんなことをしても何も始まりません。
これからです!
まだまだ続く未来を楽しくて豊かな日々にするために、
今日から変わればいいんです。
まずは、「お金は苦手」と言わないで、「お金と仲良く」なってくださいね。

〝ふかえり〟こと深川 恵理子

PART 3 お金を貯めよう

PART 4 お金を増やそう

PART 7 いざというときに備えておこう

※本書に掲載している情報は、2023年9月現在のものです。

INTRODUCTION

ひとりシニアのリアルを知ろう

現在、ひとりシニア女性はどれくらいいて、
どれくらい貯金があり、仕事はどうしているのか……。
まずは、ひとりシニア女性の実態を知り、
未来の自分をイメージしてみましょう。

シニア世代ひとり暮らし女性の「今」と「これから」

お金や暮らしにまつわる変化を数字でざっくり把握しておこう

気づいたら、「年金が収入のメインになる日」はもうすぐそこ。

「備えなくてはと思いつつも、何歳まで生きるかわからないから、どうも本気で貯められない」

「いちおう貯金してはいるけれど、他の人はどれくらい貯めているんだろう？」

「投資をしたほうがいいってよく言われてるけれど、実際のところみんなやっているのかな」

「できるだけ仕事を続けたい。でも、身近に70歳を過ぎて働いている女性がいないからよくわからない。そもそも体力的に可能なの？」

「今は賃貸だけれど、家を買ったほうがいいのか迷う」備えが必要と頭では理解していても、その必要性や具体的な解決法がわからず、「他の人はどうしているの？」と気になっている人は多いのではないでしょうか。

そこで、ひとりシニア女性の「今」と「これから」がわかるデータを、次ページから4ページにわたってご紹介します。

「あのとき、ちゃんと考えておけばよかった……」と後悔しないためにも、まずは具体的なデータをもとに平均的な数字を知り、自分の状況と比較したり、これからの暮らしをイメージしたりすることから始めていきましょう。

ひとりシニア女性の現状は？

● 高齢者世帯の世帯構造

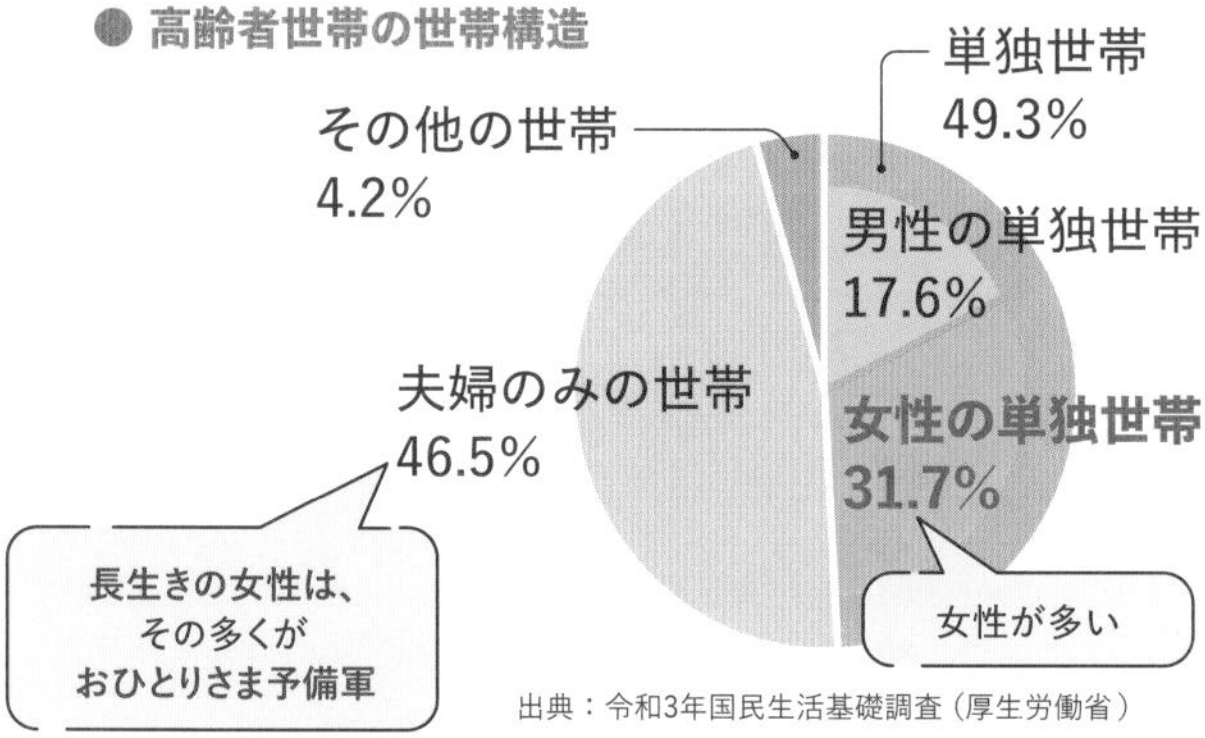

出典：令和3年国民生活基礎調査（厚生労働省）

● 女性の単独世帯数

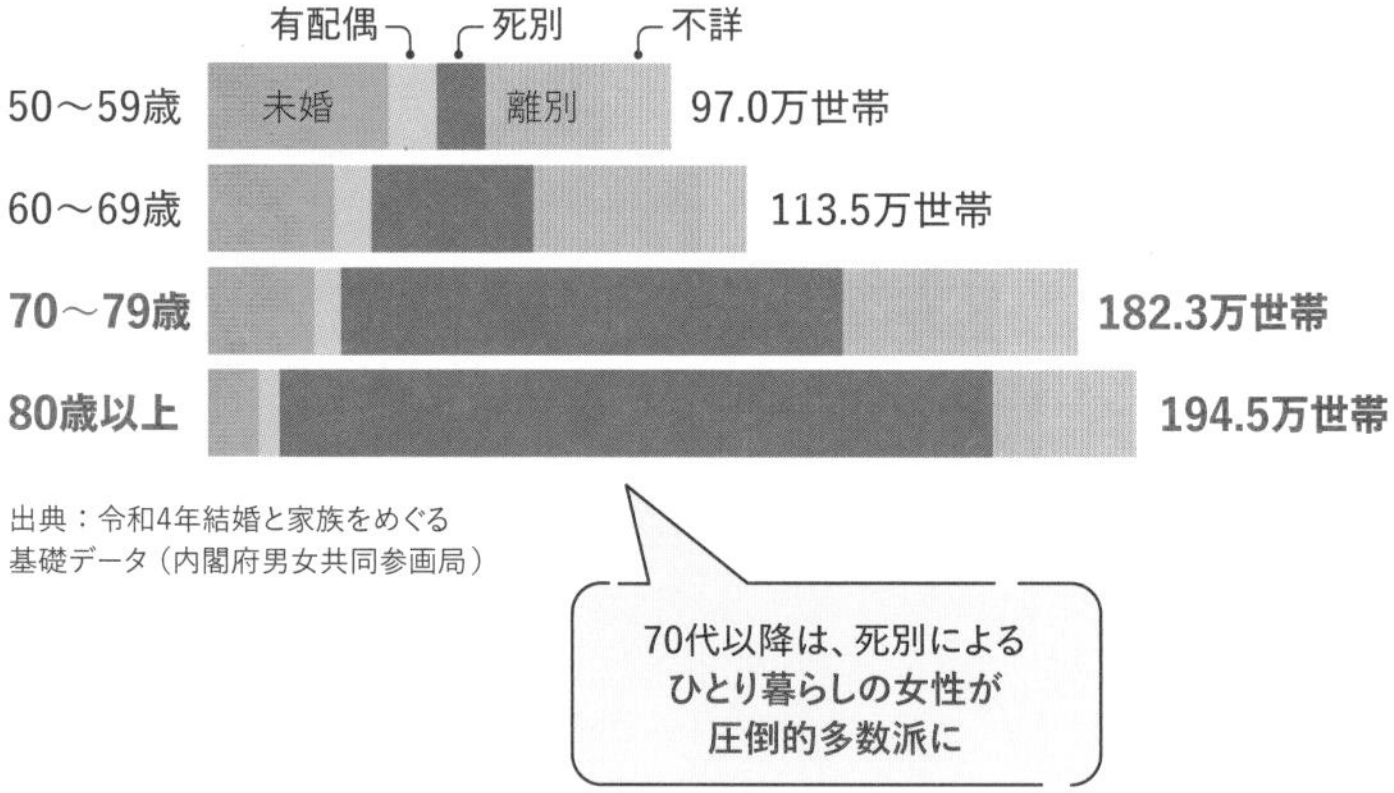

出典：令和4年結婚と家族をめぐる
基礎データ（内閣府男女共同参画局）

未婚・既婚に関わらず、
女性は「いつかはひとり暮らし」になる可能性大！

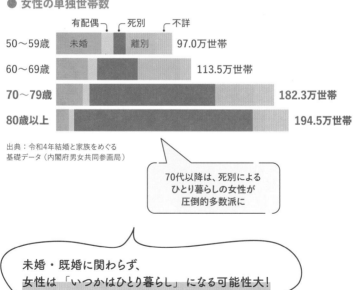

将来への備えは？

● 将来のお金のために現在行っていること

節約	50代	64.0%
	60代	57.9%
	70代	67.7%
貯蓄	50代	69.0%
	60代	50.8%
	70代	41.4%
投資	50代	39.5%
	60代	26.7%
	70代	34.3%
保険の加入、見直し	50代	29.5%
	60代	30.5%
	70代	22.2%

出典：令和4年30 〜 79歳の女性に聞いた「お金に関する意識実態調査」（ハルメク 生きかた上手研究所・キャリア・マム調べ）

60代は保険などでの備えを重視する傾向が

貯蓄額は？

● ひとり暮らし女性の平均貯蓄額

50代	1111万円
60代	1423万円
70代	1217万円
80歳以上	1084万円

出典：2019年全国家計構造調査（総務省）

● ひとり暮らし男女の貯蓄額の中央値

50代	610万円
60代	950万円
70代	1000万円

出典：令和4年家計の金融行動に関する世論調査［単身世帯調査］（金融広報中央委員会）

大きい数字の影響を受けにくい「中央値」はリアルな貯蓄額に近い

仕事は？

● 60歳以上女性の就労状況（正規・非正規）

60 ～ 64歳	60.6%
65 ～ 69歳	40.9%
70 ～ 74歳	**25.1%**

出典：令和4年版高齢社会白書（内閣府）

70歳以上でも
4人に1人が働いている

健康は？

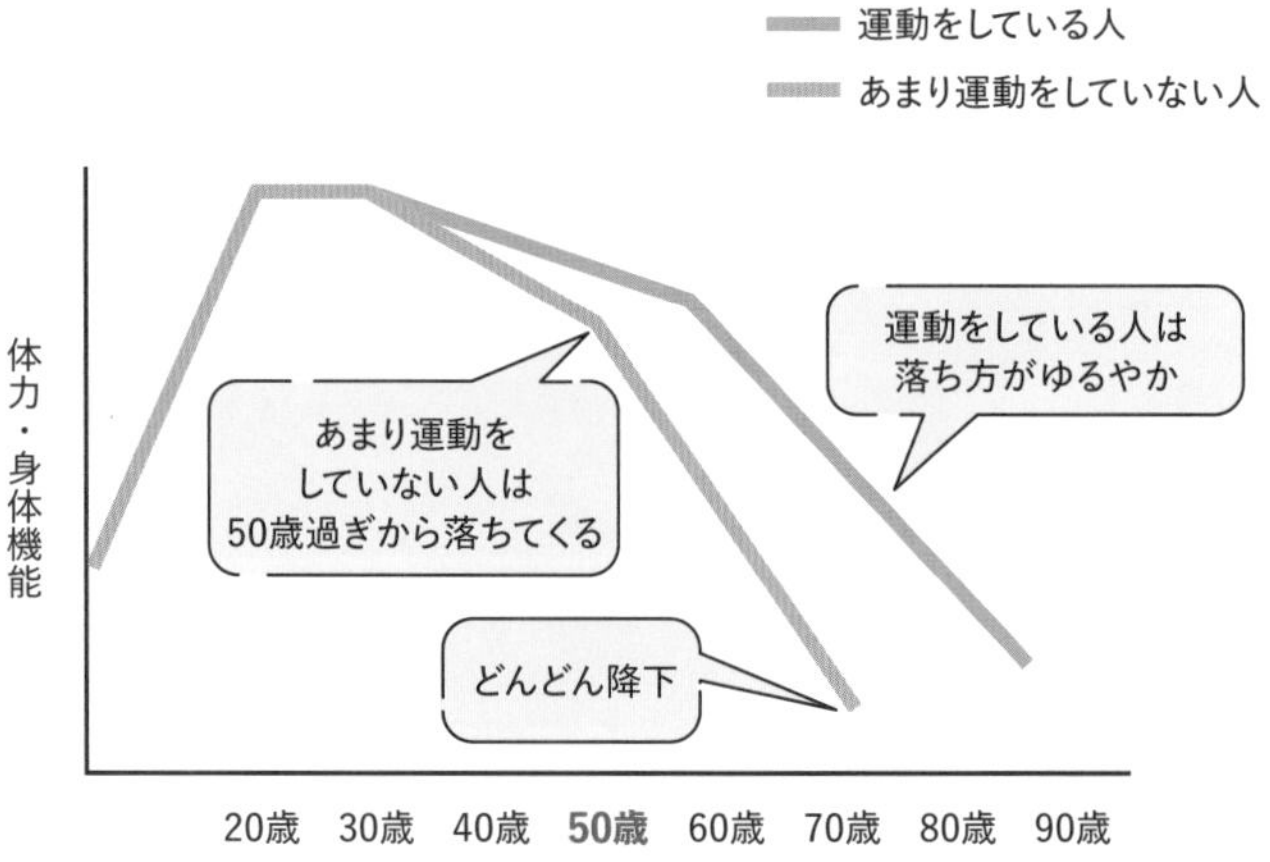

健康をキープするには
「運動」がポイント！

参考：健康運動指導士養成講習会テキスト（下）（健康・体力づくり事業財団2017年）をもとに作成

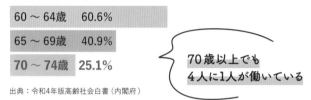

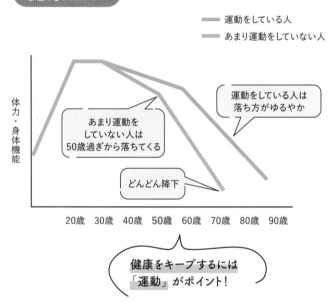

住まいは？

● 単身者男女の持ち家率

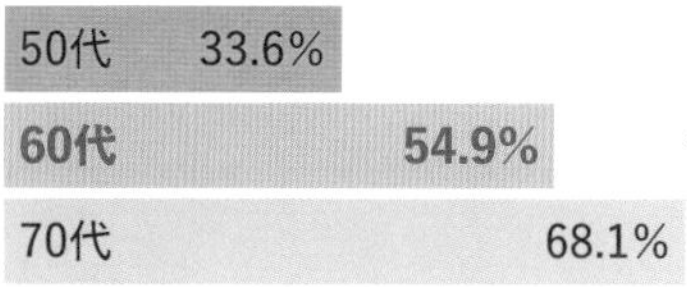

60代は2人に1人が
持ち家に住む

出典：令和4年家計の金融行動に関する世論調査
［単身世帯調査］（金融広報中央委員会）

● 世帯の種類・年齢・女性単独世帯人員の割合

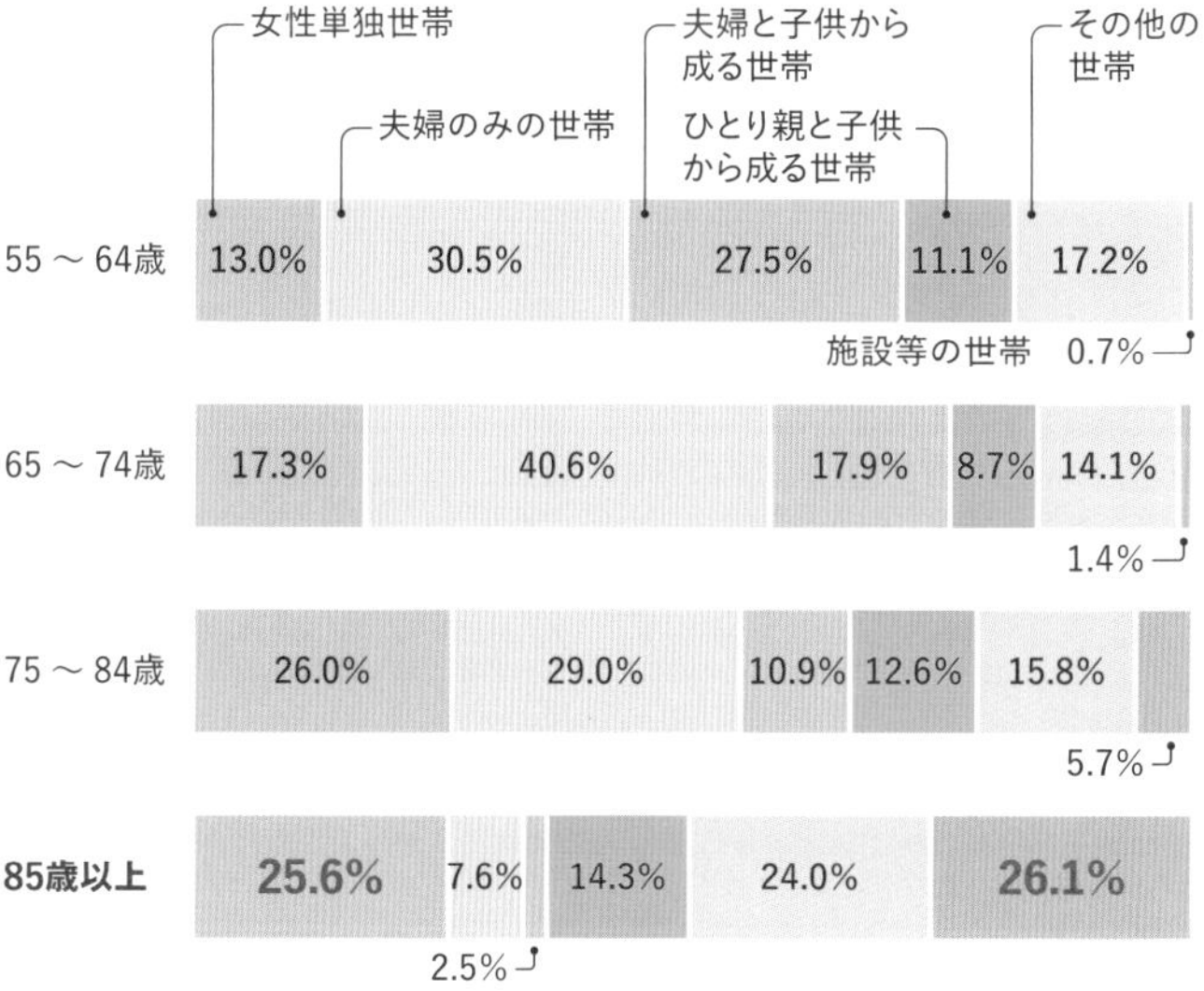

出典：令和2年国勢調査（総務省）

女性は85歳以上でもひとり暮らしと
施設などで暮らす人の割合がほぼ同じ

ひとりシニア女性はどんな暮らしを送っている？

支出より収入の減り幅のほうが大きい

実際のところ、年金が収入の中心となると、暮らしはどのように変化するのでしょうか。左ページのグラフを見てわかるように、収入は現役で働いているときよりも約4割、支出は2〜3割減るのが平均的なひとりシニア女性の収支状況です。支出より収入のほうが減り幅が大きく、収支が逆転する人も少なくありません。

また、支出の内訳を見てみると、年齢を重ねるほど病気や身近な人の葬儀などが増えるため、医療費や交際費が増加しているほか、家にいる時間が長くなるからか、食費や光熱費が増え、娯楽費や交通・通信費は減っています。

収入は現役時代から約４割ダウンする

55 ～ 59歳（有職） **年316万円（月約26万円）**

60 ～ 64歳（有職） **年262万円（月約22万円）**

65歳以上（無職） **年約170万円（月約14万円）**

月収 14万1646円の内訳
・年金等 12万8908円
・その他 1万2738円

出典：令和3年分民間給与実態統計調査（国税庁）、2019年全国家計構造調査（総務省）をもとに作成

支出は２～３割ダウンし、使い方も変化する

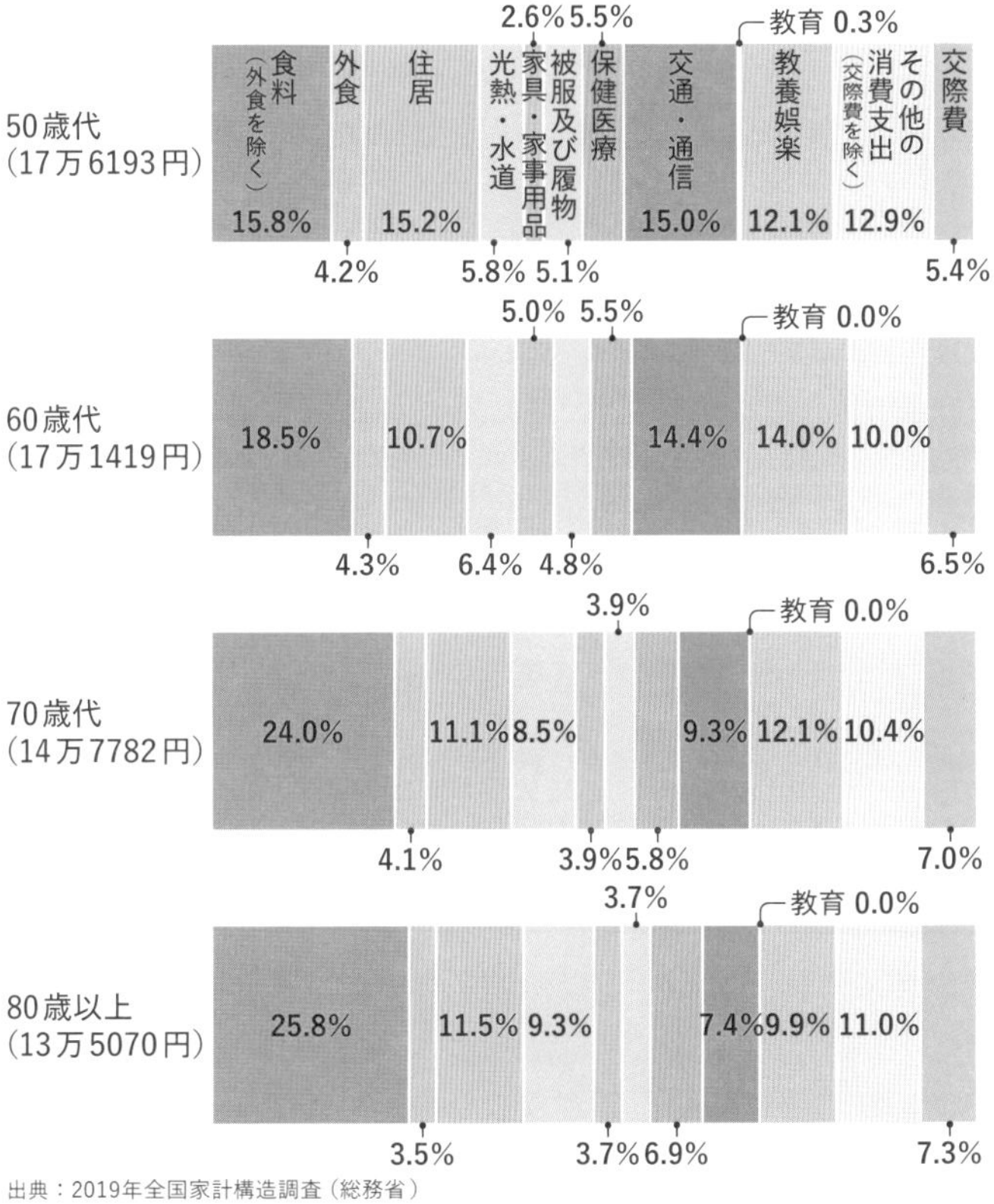

出典：2019年全国家計構造調査（総務省）

今後必要になる老後資金はどれくらい？

「老後2000万円問題」は的外れな数字ではない

老後資金の目安は、もらえる年金額によって変わってきます。21ページで紹介した65歳以上のひとりシニア女性（無職）の年金受給額の平均は約13万円でした。別の統計だと、女性の年金受給額は、

- **会社員（厚生年金）なら　10万9261円（基礎年金含む）**
- **自営業（国民年金）なら　5万4346円**

となっています。そう、案外少ないのです。よく耳にする「老後資金は夫婦で2000万円」という〝老後2000万円問題〟ですが、左ページの試算では「ひとりなら1000万円で十分」と言えるのはごく一部。3000万円近くの老後資金が必要な人もいるのです。

必要な老後資金は年金額によって異なる

自分の年金額を把握し、老後資金を計算してみましょう。

※年金額と支出は、計算しやすいよう万円未満を切り上げし、65歳から90歳までの25年間の不足金額を試算しました。また、支出額は年齢によって異なりますが、約14万円に設定しています。

会社員女性の平均年金受給額

年金収入 約11万円

支出 約14万円

不足分約3万円

年36万円の不足×25年

↓

900万円 これが老後資金

自営業女性の平均年金受給額

年金収入 約5万円

支出 約14万円

不足分約9万円

年108万円の不足×25年

↓

2700万円 これが老後資金

出典：令和3年度厚生年金保険・国民年金事業の概況（厚生労働省）

年金だけで暮らせる人は、ごく一部。足りない分は、自分でどうにかするしかないのです！

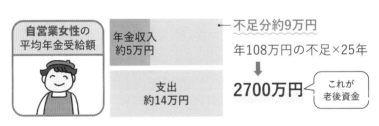

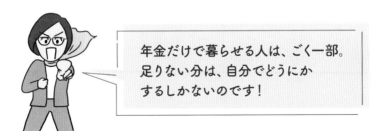

あなたはどのタイプ？お金との向き合い方診断テスト

下のA～Cの質問に答えてみてください。チェックの個数が一番多いものが、あなたのタイプです。

お金との向き合い方診断テスト

A

- □1000万円以上貯蓄がある。
- □資産運用やキャッシュレス決済についての情報収集は欠かさない。
- □先取り貯蓄（※）や投資などで将来に備えている。
- □フリマサイトやポイント、クーポンなどを上手に活用しているほうだ。
- □趣味や関心のあること以外では、あまりお金を使わない。

※毎月の収入から一定額を先に貯蓄に回すこと

□個

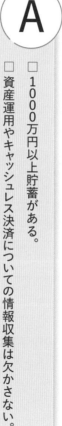

B

□500万円程度貯蓄がある。
□節約さえしていれば、老後の家計も大丈夫だと思っている。
□投資について調べてはいるが、リスクが怖くて踏み出せない。
□支払いは基本的に現金が多い。
□買い物は、ネットより、リアルのお店で買うのが好き。

□個

C

□貯蓄が100万円以下。
□コンビニやスーパーにしょっちゅう行く。
□家計簿をつけておらず、毎月いくら使っているか把握していない。
□自分がどんな保険に加入しているか把握していない。
□飲み会や遊びに誘われると、行きたくなくても断り切れない。

□個

結果は次のページへ！

A が多いあなたは "小金持ちさん"タイプ

好きなことにお金を惜しまない反面、ポイントなどを駆使して無駄なお金を使わず、**メリハリのあるお金の使い方ができる**タイプ。価値観が明確で、「将来、何かとお金がかかる」と自覚しているので、投資などにも積極的でしょう。

B が多いあなたは "生真面目さん"タイプ

節約重視でコツコツ貯めるのが得意なタイプ。ただ、お金に関して勉強熱心ではあるものの、生真面目な性格か

ら必要以上にリスクを恐れ、投資やキャッシュレス決済になかなか挑戦できない傾向が。リスクを正しく理解し、学んだことを行動に移すよう心がけ、効率的にお金を貯めていきましょう。

将来が不安だから
とにかく
お金は使わない！

Cが多いあなたは〝お気楽さん〟タイプ

周りの友達や流行《はや》り、雰囲気などに流されて〝**何となく**〟**お金を使ってしまう**タイプ。加入している保険もあまり把握しておらず、高額の掛け金を支払い続けている人も。まずは家計簿をつけ、月にいくら使っているのか把握するところから始めましょう。

自分が思い描く老後には
いくらかかるかイメージしてみよう

「理想の暮らし」ありきで
お金について考える

　お金に関して、自分がこれから何に気をつければいいか、何となく見えてきたでしょうか。年金中心の生活になると、これまでとはお金の入り方、使い方が変わってきます。病気や介護にいくらかかるかは未知数で、いくら貯めても安心できない状況であるのも事実です。

　でも、これからの人生は、さまざまな義務やストレスから解放される、「ご褒美タイム」でもあります。「お金がないから、節約しなければ」ではなく、「自分の理想の生活を送るために、足りないお金をどうするか」と考えてみませんか？「理想の暮らし」を出発点にすることで、お金と向き合うことが苦ではなくなるはずです。

理想の「これから」をイメージしてみよう

どうすれば思い描く老後を実現できるか、シミュレーションしましょう。
この段階では、どんどん夢を膨らませてOK。
夢と現実のすり合わせは、PART1以降で行いましょう。

プチ贅沢《ぜいたく》を楽しみたい!

たとえば…
「定年後の10年間、年1回海外、年4回国内に旅行したい」
➡海外30万円+国内20万円=年間50万円
➡65 ～ 75歳の10年間×50万円=500万円

どう捻出するか考えよう
➡P117～

好きなことは我慢したくない!

たとえば…
「趣味に最低でも月1万円必要」
「食事のクオリティは落としたくない」
「習い事の会費と交際費は確保したい」

代わりに何を削るか考えよう
➡P55～

完全リタイアしたい!

たとえば…
「地方に割安の中古住宅を買って移住し、住宅費をコストダウン」
「年金の範囲内で料理や読書をして過ごしたい」

リタイア後の収支をつかもう
➡P31～

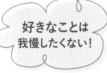

ふかえり先生の理想の「これから」

仕事を続けるにせよ
やめるにせよ
自分の心に忠実に

私は50歳のとき、アパレルから保険の営業に転職し、56歳のときにファイナンシャルプランナーになりました。

定年のない仕事をしているので「好きなだけ仕事を続けられていいですね」と言われることが多いのですが、本音を言えば私は寝転んで本でも読みながらダラダラしていたいタイプです。

でも、あるときふと「完全に仕事を手放すのは難しいのではないか」と気がつきました。なぜかといえば、信頼関係を築いて長年お付き合いしているお客様が、いつの間にか共に食事や旅行を楽しむ友人になっているから。私にとっては、仕事と友人との楽しみはワンセットなのです。

ただ、本当に日がな一日ダラダラする生活がしたくなったら、潔く仕事をやめるかもしれません（笑）。そのときそのときで自分のやりたいことが出てきたら、躊躇《ちゅうちょ》せずにトライしたいですね。そのために、これまで「将来への備え」を積み重ねてきたのですから。

PART 1

これからのお金について考えてみよう

老後の生活費のベースになるのは、ズバリ年金。
ですが、自分が一体いくらもらえるのか
はっきりわかっていない人が多いのではないでしょうか。
今からでも遅くはありません！
年金について、しっかり勉強していきましょう。

年金のこと、ちゃんとわかってる？

初恋の人から体重までっ！ミキさんは53キロで…
今!?
ちょ、ちょっと！
てて
うっ
うっ
隠しごとはダメなのよお～
ちょっと待って
ワーン
隠しごと!?私が!?
だってさっき!!
前ページ1コマ目より
フフッ
あーーーー！見られてたかぁ
そんな悪い顔してないわよ～
待ち合わせ前に駅前で買ったのよ
宝くじ
サッ
アハハ
た、宝くじ!?
宝くじだなんて意外だわ
現実派なのに…
老後資金2000万円問題あるじゃないリアルではあれじゃ足りないって話だからぁ
え！足りないの？
貯めるのだって大変なのに…
でも年金があるじゃない
ピクッ
大丈夫よォ
年金って自分がいつからいくらもらえるかきちんと理解してるの？
話は聞いたわ
カチャ
ふかえり先生！いつからここに!!
年金てみんな同じ額じゃ…？
ビシッ
なさそう…？
ドキドキ
年金には種類があって給付の時期も金額も人それぞれ！
それを知らないと将来のお金の計画なんて立てられないわ
は、はい
『お金に甘いは人生への甘え！』
甘えは捨てなきゃ！
この甘いケーキはいただくわっ

自分の望む暮らしを叶《かな》えるために知っておきたい「3つのお金」

「わからないお金」より「わかるお金」から把握する

「リタイアしたら、たくさん旅行がしたい」「生活は質素でいいけれど、趣味の観劇を楽しむお金は確保したい」といった自分の理想の暮らしを叶えるには、言うまでもなくお金の備えが必要です。

とはいえ、未来は不確定なもの。何歳まで生きるのか、病気や介護になったらいくら必要なのか考えても答えが出るはずもなく、「結局、いくら貯めればいいの？」と不安になってしまいますよね。

そんなときは、「わからないお金」を心配するより、まずは「わかるお金」から把握していきましょう。

「わかるお金」とは、次の「3つのお金」のことです。

❶1年間に「出ていく」お金（**生活費などの支出**）
❷今「持っている」お金（**預貯金などの資産**）
❸これから「入ってくる」お金（**年金などの収入**）

現状、いくら使っていて、いくら持っているかは、ちょっと調べればすぐにわかるはず。年金額は、「ねんきん定期便」でチェックしてください（42ページ参照）。

なぜ、現状把握から始めるのかといえば、「これからの暮らし」は、「今の暮らし」の延長線上にあるものだから。たとえば、年金生活に入った人の生活費は、21ページのデータを見てもわかるように「現役時代の70〜80％」。そのため、今の生活費がわからなければ、未来の生活費がいくらになるか目途《めど》もつけられないというわけです。

まずこの3つを把握しておけば、ざっくり「これからの暮らし」にいくらかかるか、生活できそうか、簡単に計算できます。

仮に1000万円の貯金があるとすると、65歳から90歳までの25年間、月約3万円を年金収入にプラスできます。この3万円に年金を足して、今の生活費の80％を賄《まかな》えそうでしょうか？

大まかにでも計算してみると、「観劇を楽しむお金を確保しつつ、病気や介護に備えるためには、やっぱり70歳まで働く必要がありそうだな」など、おぼろげにでもやるべきことが見えてくるはずです。

まずは現状を把握して、漠然と不安を感じていただけの状態から、自分の思い描く未来へと一歩を踏み出していきましょう。

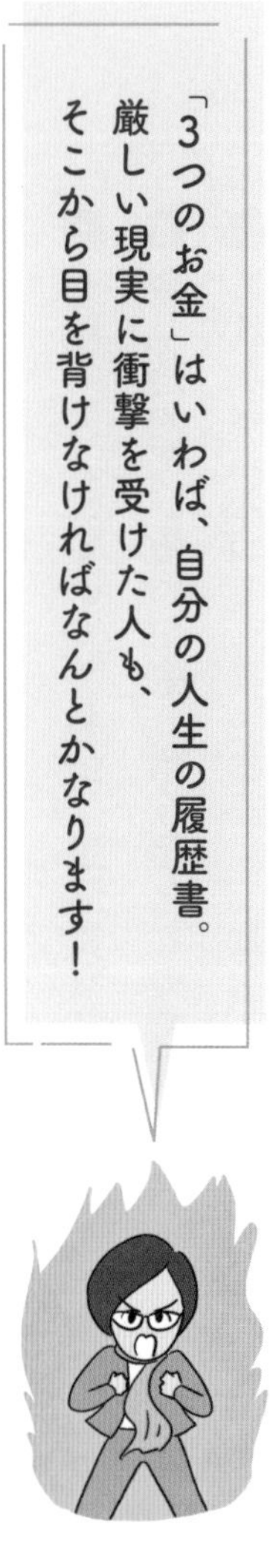
「3つのお金」はいわば、自分の人生の履歴書。
厳しい現実に衝撃を受けた人も、
そこから目を背けなければなんとかなります！

「3つのお金」がわかると「これからの暮らしに必要なお金」が見えてくる!

今の段階で不明なところは、そのままでOK。
まずは現状把握をして、今後のお金や働き方を考える手がかりにしましょう。

1 1年間に「出ていく」お金

・**1カ月の生活費**

住宅ローン、食費、水道光熱費、通信費、交際費、保険、被服費など

・**特別費**

税金、家電の買い替えなど

「**1カ月の生活費**」に加え、月々の生活費に該当しない「**特別費**」もわかる範囲で計算しましょう。今の生活費がわかれば、リタイア後の暮らしにいくら必要なのかイメージしやすくなります。

2 今「持っている」お金

・**預貯金、財形**
・**投資信託、株式**
・**貯蓄性保険**
・**不動産**

銀行預金や、投資、不動産など、**あちこちに散らばっている資産**を書き出しましょう。手持ちの資産の全体像がわかると、今後のお金に対する向き合い方が見えてきます。

3 これから「入ってくる」お金

・**年金**
・**退職金**
・**保険の満期保険金**
・**65歳以降に働いて得る予定のお金**
・**iDeCo、確定拠出年金(401K)**

何歳でいくらお金が入ってくるのか、書き出してみましょう。今持っているお金と合わせて、だいたい**何歳まで暮らしていけるかが想定**できます。

年金、これだけは押さえておこう

しくみを知らないと損をする可能性がある！

ややこしいイメージが強く、なかなか腰を据えて理解しようという気になれない年金制度。ただ、年金は自分で申請しないともらえないもの。国の制度だから、65歳になったら自動的に振り込まれるというわけではないのです。

しくみを理解していないと、うっかり申請漏れで損をすることもあるので、この機会にしっかり覚えておきましょう。

年金制度が複雑に感じるのは、左ページのようにもらえる年金が1〜3階まで3種類あり、加入者である私たちの職業・働き方によって、もらえる年金の階数が違ってくるためです。

年金は「国民年金」「厚生年金」「企業年金など」の3階建てになっている

基本的なしくみと、自分が何階建ての年金をもらえるのかを把握し、請求漏れやもらい忘れがないようにしておきましょう。

★の年金は任意加入、または該当者のみ

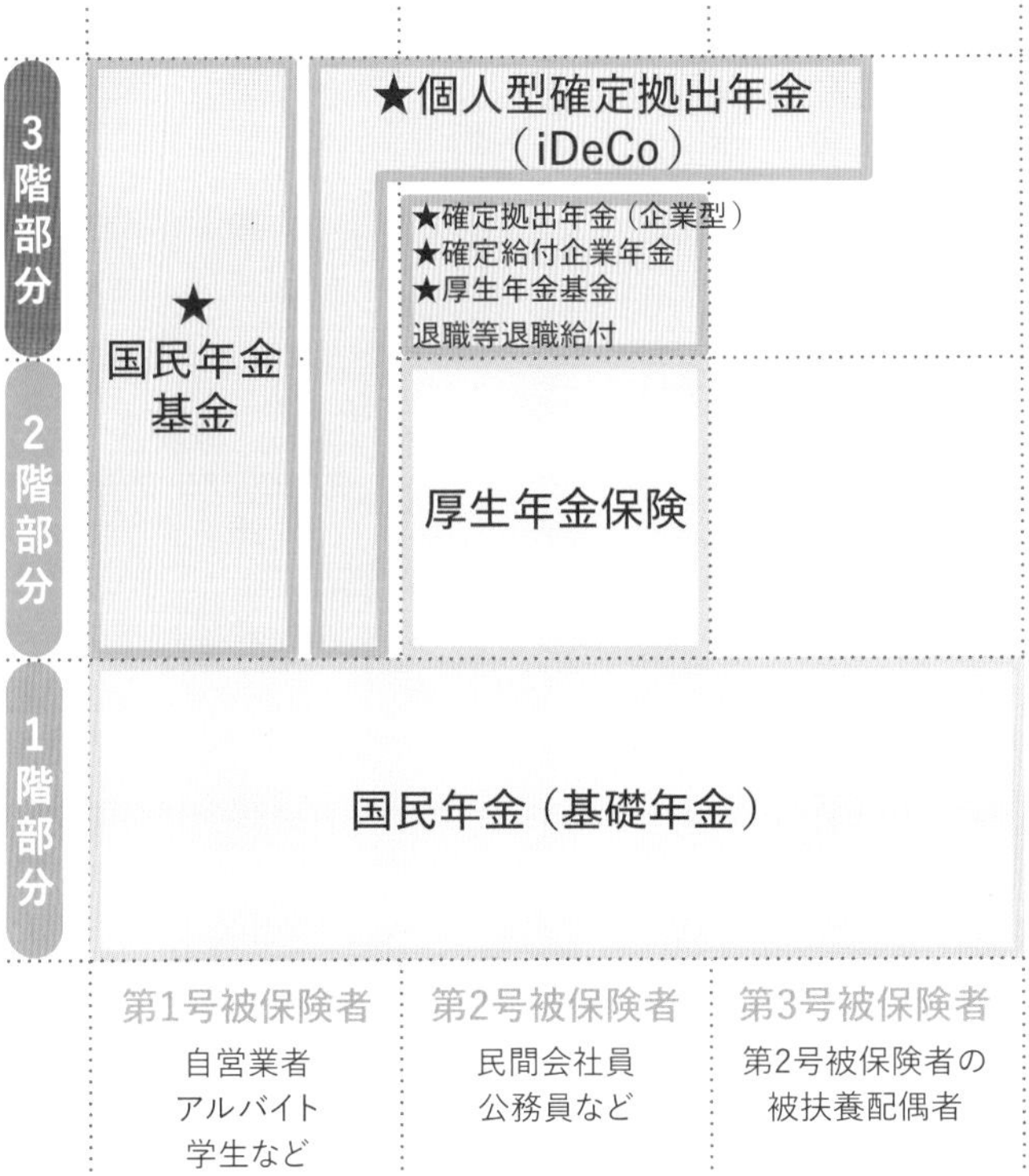

たとえば私は、会社員のときは第2号被保険者でしたが、結婚して専業主婦になったときは第3号被保険者に、自営業者になったときは第1号被保険者になりました。職業や働き方を変えるたび、もらえる年金の種類が変わるので、なかなか全体像が把握しづらいのです。

なお、短期間で退職した、廃業した会社に勤めていたという場合などは、年金記録に漏れがあり、年金をもらいそびれることがあるので、要注意です。日本年金機構「ねんきんネット」（46ページ参照）に登録して、漏れがないか必ずチェックしておきましょう。

令和3年簡易生命表の概況（厚生労働省）によると、現在65歳の女性の平均余命が約25年とされています。人類史上初めての超長寿社会を生きていくことを考えると、月に数百円でももらっておいて損はありません。年金は、あなたの働いてきた努力の結晶です。わずかな額だからと放置せず、漏れがある場合は元の勤務先や企業年金連合会に問い合わせてみましょう。

また、39ページの図の一番上「個人型確定拠出年金（iDeCo）」は、税金の優遇制度です。加入は任意ですが、2022年10月から国民年金を納めているすべての人が加入できるように。ただし、会社員は勤務先の制度により拠出できる金額が違います。また、国民年金の任意加入の人や厚生年金を納めている人は、64歳まで加入が可能になりました。

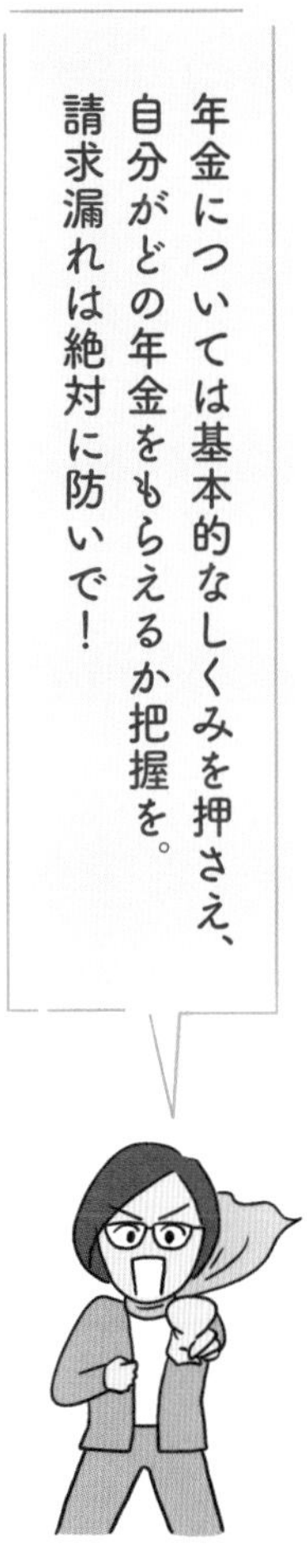
年金については基本的なしくみを押さえ、
自分がどの年金をもらえるか把握を。
請求漏れは絶対に防いで！

ねんきんネット　https://www.nenkin.go.jp/n_net/

企業年金連合会　https://www.pfa.or.jp/

「ねんきん定期便」で自分の年金額をチェックしよう

「見込額」が全額使えるお金ではないことに注意して

自分がいくら年金をもらえるかは、毎年誕生月に日本年金機構から送られてくるハガキ（年齢によっては封書）「ねんきん定期便」で知ることができます。

50歳以上の人には年金の「見込額」が記載されており、60〜64歳の場合は「ねんきん定期便」作成時点での加入実績から算出されています。そのため、いくら受け取れるのかを具体的にイメージできます。44〜45ページの「『ねんきん定期便』の見方」を参考に、確認してみましょう。

注意したいのは、見込額＝手取り額ではないことです。

年金は所得とみなされ、所得税や住民税がかかるのはもちろん、介護保険料、後期高齢者医療制度（75歳以上になると「国民健康保険制度」から切り替わります）の支払いも一生涯続きます。

おおよその手取り額＝見込額×0・85で計算した額で、ライフプランを考えていきましょう。

いくら年金をもらえるのか、漏れはないか面倒くさがらずに、「ねんきん定期便」は必ずチェックを！

ねんきん定期便・
ねんきんネットに関する問い合わせ先

0570・058・555（ナビダイヤル）
03・6700・1144（一般電話）

受付時間		
	月曜日	8時30分～19時
	火曜日～金曜日	8時30分～17時15分
	第2土曜日	9時30分～16時

「ねんきん定期便」の見方

最低限チェックしておきたい5点をピックアップしました。なお、35歳、45歳、59歳時には封書で届き、より詳しい内容が確認できます。

表面

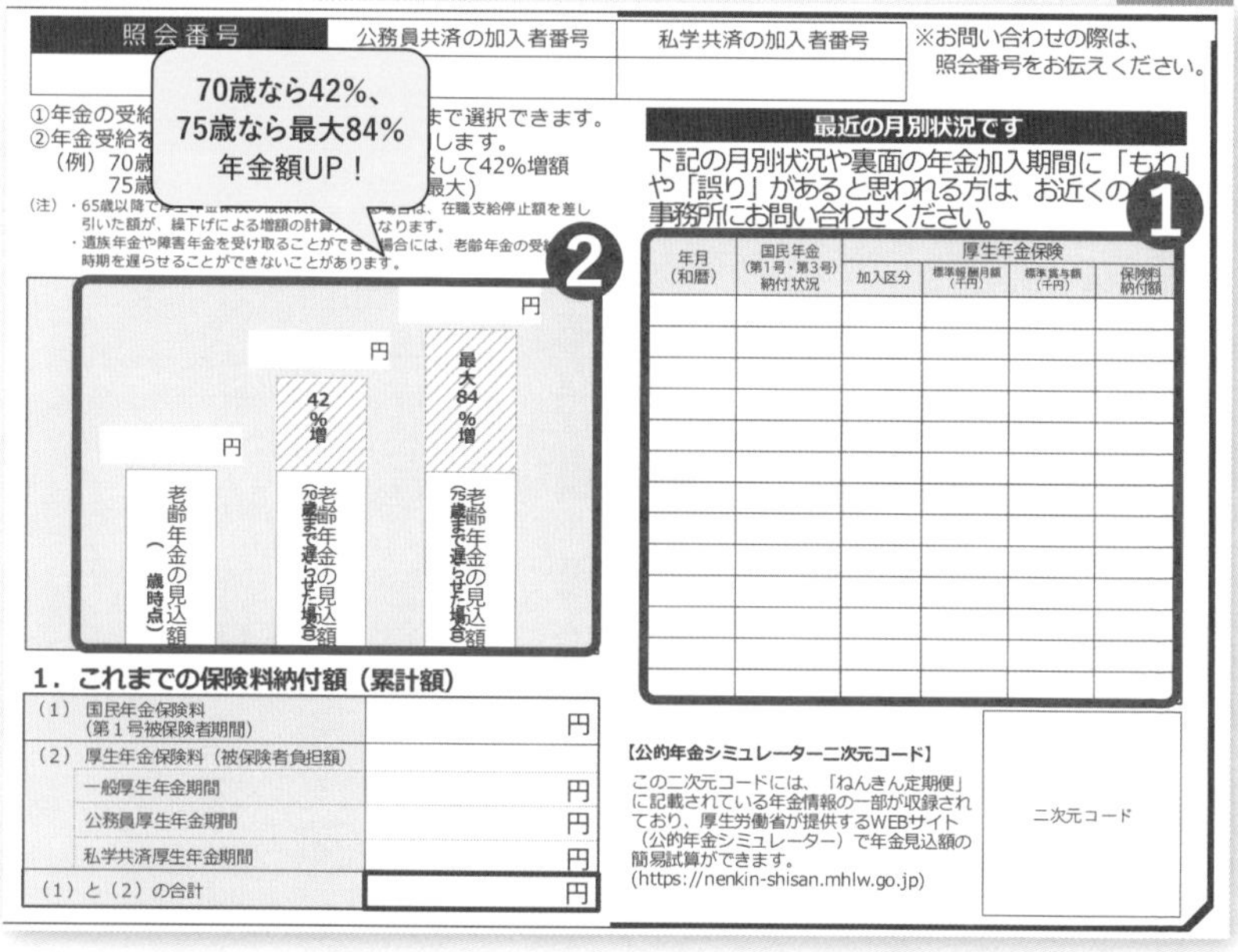

※令和5年5月以降の「50歳以上の方」用

❶ 最近の月別状況

加入している年金の種類と保険料の納付状況をチェック。この状況が60歳まで継続することを前提に、❹**「見込額」**が計算されている。「ねんきんネット」で詳細を確認しておくとよい。

❷ 受給開始時期

65歳で受け取った場合、70歳、75歳まで遅らせた場合の年金額の違いをチェック。

裏面

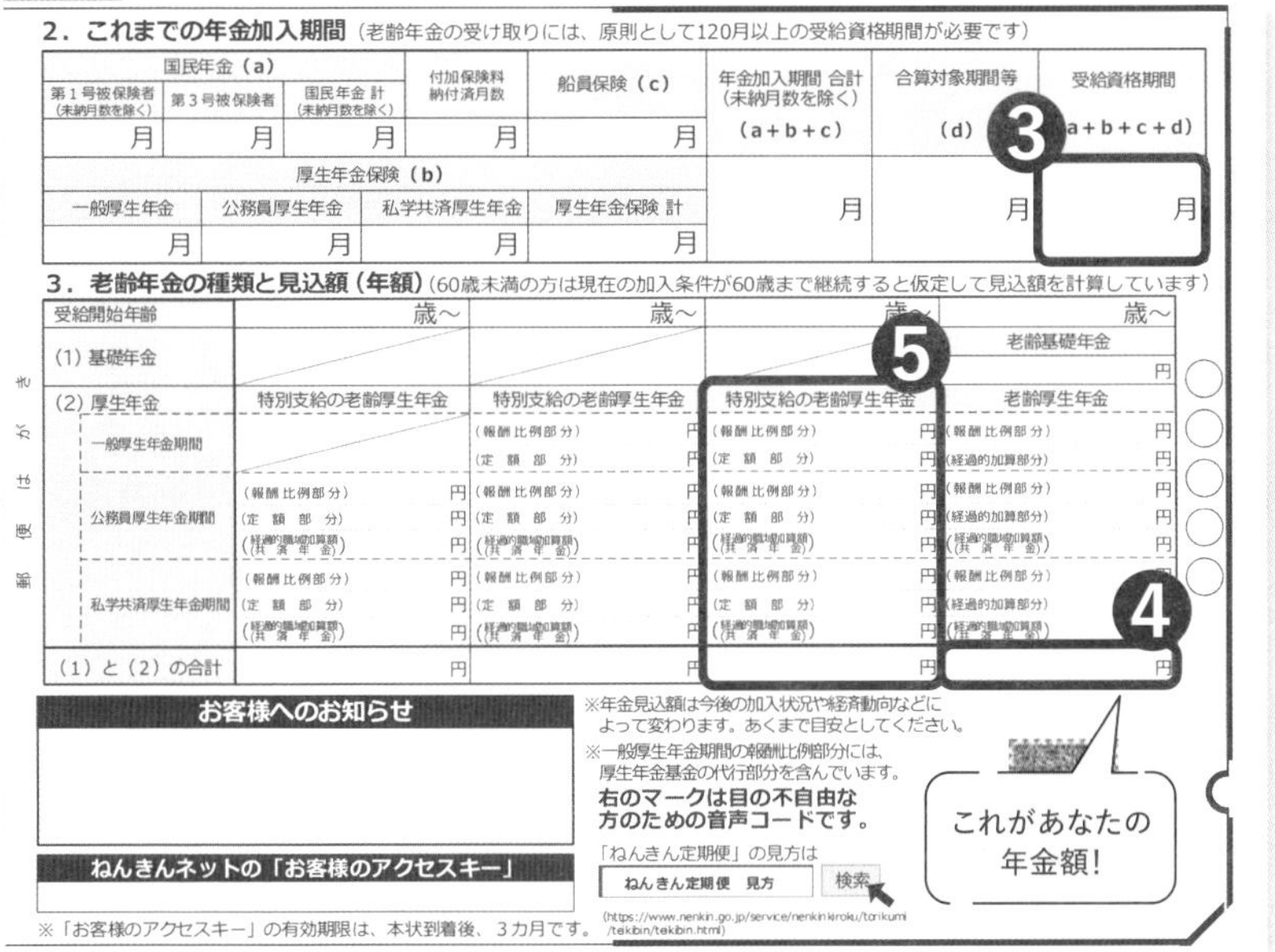

2．これまでの年金加入期間（老齢年金の受け取りには、原則として120月以上の受給資格期間が必要です）

国民年金（a）			付加保険料納付済月数	船員保険（c）	年金加入期間 合計（未納月数を除く）	合算対象期間等	受給資格期間
第1号被保険者（未納月数を除く）	第3号被保険者	国民年金 計（未納月数を除く）			（a＋b＋c）	（d）	（a＋b＋c＋d）
月	月	月	月	月			
厚生年金保険（b）							
一般厚生年金	公務員厚生年金	私学共済厚生年金	厚生年金保険 計		月	月	月
月	月	月	月				

3．老齢年金の種類と見込額（年額）（60歳未満の方は現在の加入条件が60歳まで継続すると仮定して見込額を計算しています）

受給開始年齢		歳〜	歳〜	歳〜	歳〜
（1）基礎年金					老齢基礎年金 円
（2）厚生年金		特別支給の老齢厚生年金	特別支給の老齢厚生年金	特別支給の老齢厚生年金	老齢厚生年金
	一般厚生年金期間		（報酬比例部分） 円 （定額部分） 円	（報酬比例部分） 円 （定額部分） 円	（報酬比例部分） 円 （経過的加算部分） 円
	公務員厚生年金期間	（報酬比例部分） 円 （定額部分） 円 （経過的職域加算額（共済年金）） 円	（報酬比例部分） 円 （定額部分） 円 （経過的職域加算額（共済年金）） 円	（報酬比例部分） 円 （定額部分） 円 （経過的職域加算額（共済年金）） 円	（報酬比例部分） 円 （経過的加算部分） 円 （経過的職域加算額（共済年金）） 円
	私学共済厚生年金期間	（報酬比例部分） 円 （定額部分） 円 （経過的職域加算額（共済年金）） 円	（報酬比例部分） 円 （定額部分） 円 （経過的職域加算額（共済年金）） 円	（報酬比例部分） 円 （定額部分） 円 （経過的職域加算額（共済年金）） 円	（報酬比例部分） 円 （経過的加算部分） 円 （経過的職域加算額（共済年金）） 円
（1）と（2）の合計		円	円	円	円

郵便はがき

お客様へのお知らせ

ねんきんネットの「お客様のアクセスキー」

※「お客様のアクセスキー」の有効期限は、本状到着後、3カ月です。

※年金見込額は今後の加入状況や経済動向などによって変わります。あくまで目安としてください。

※一般厚生年金期間の報酬比例部分には、厚生年金基金の代行部分を含んでいます。

右のマークは目の不自由な方のための音声コードです。

「ねんきん定期便」の見方は

ねんきん定期便 見方 検索

(https://www.nenkin.go.jp/service/nenkinkiroku/torikumi/teikibin/teikibin.html)

❸ 受給資格期間

国民年金の受給条件である、120月以上になっているかをチェック。満たさない場合は年金事務所に相談を。漏れやミスがないかは、「ねんきんネット」でより詳しい加入記録を確認するとわかる。

❹ 見込額

今の状態が60歳まで続いた場合にもらえる年金の見込額（年額）をチェック。

❺ 特別支給の老齢厚生年金

年金の支給開始年齢が60歳から65歳に引き上げられた際、段階的に支給年齢を引き上げることを目的に制度化されたもの。65歳になる前にもらえる年金があるかをチェック（49ページ参照）。

「ねんきんネット」なら さらに詳しく年金がわかる

自力で計算するのは難しい 「ねんきんネット」の活用を

自分の年金記録についてもっと詳しく知りたい、漏れがないか確認したいという場合は、「ねんきんネット」にアクセスしてみましょう。「60〜65歳まで働いたときに、65歳から年金をいくらもらえるか」といった設定で試算もできます。

年金額の計算方法はあるにはあるのですが、国民年金の場合は加入月数や保険料を納めた月数など、厚生年金の場合は自分の標準報酬月額などを把握しなければなりません。なかなか計算のハードルが高いので、ネットのシミュレーターを活用するのがおすすめです。

また、利用開始手続きの手間がなく、年金額をより手軽に試算でき

る厚生労働省「公的年金シミュレーター」も年金額の目安を知るのに役立ちます。

もし、なかなか自分の知りたい情報が得られない、どうやっても年金額がわからないという場合には、年金事務所やファイナンシャルプランナー（FP）に相談してみましょう。

恥ずかしがることなんてまったくありません。一番やってはいけないのが、これから収入の柱となる年金額をわからないまま放置しておくこと。60代になっても、70代、80代まで10～20年かけて長期投資をして時間を味方につけることは可能ですが、一日も早く自分の年金額を知り、足りない分をどうするか手を打っておくに越したことはないのです。

公的年金シミュレーター　https://nenkin-shisan.mhlw.go.jp/

早見表で簡単！ 自分の年金額を試算しよう

下の早見表を使って、年金額の目安を出してみましょう。

モデル例

年齢 1963（昭和38）年生まれ

職歴 大学卒業後、62歳までの40年間、会社員として勤務予定

年金 **厚生年金**／平均年収300万円➡年額66万円（月額5.5万円）

基礎年金／ 40年加入➡年額80万円（月額6.6万円）

厚生年金年66万円+**基礎年金**年80万円
=年金額は年146万円／月12万円

［老齢厚生年金+老齢基礎年金　早見表］

2023（令和5）年度の年金額　［年額は1万円未満、月額は千円未満で四捨五入］

（基礎年金の額は67歳以下〈新規裁定者〉の年金額）

	平均年収700万円（平均標準報酬額58.3万円）		平均年収500万円（平均標準報酬額41.7万円）		平均年収300万円（平均標準報酬額25.0万円）		＋	基礎年金（年収に関係なく）	
加入期間	年額（万円）	月額（万円）	年額（万円）	月額（万円）	年額（万円）	月額（万円）		年額（万円）	月額（万円）
44年	169	14.1	121	10.1	72	6.0		80※	6.6※
42年	161	13.4	115	9.6	69	5.8		80※	6.6※
40年	153	12.8	110	9.1	66	5.5		80	6.6
38年	146	12.1	104	8.7	62	5.2		76	6.3
36年	138	11.5	99	8.2	59	4.9		72	6.0
34年	130	10.9	93	7.8	56	4.7		68	5.6
32年	123	10.2	88	7.3	53	4.4		64	5.3
30年	115	9.6	82	6.9	49	4.1		60	5.0
28年	107	8.9	77	6.4	46	3.8		56	4.6
26年	100	8.3	71	5.9	43	3.6		52	4.3
24年	92	7.7	66	5.5	39	3.3		48	4.0
22年	84	7.0	60	5.0	36	3.0		44	3.6
20年	77	6.4	55	4.6	33	2.7		40	3.3
18年	69	5.8	49	4.1	30	2.5		36	3.0
16年	61	5.1	44	3.7	26	2.2		32	2.7
14年	54	4.5	38	3.2	23	1.9		28	2.3
12年	46	3.8	33	2.7	20	1.6		24	2.0
10年	38	3.2	27	2.3	16	1.4		20	1.7

※加入期間の上限は40年

出典：（公財）生命保険文化センター「ねんきんガイド」（2023年7月改訂版）

Column

一定の要件を満たす人は「特別支給の老齢厚生年金」を受給できる

「特別支給の老齢厚生年金」とは、65歳よりも早く老齢厚生年金を受給できる制度のこと。一定の要件を満たす人なら、手続きすると65歳前に年金を一部受け取れます。

受給条件（女性の場合）

- 1966（昭和41）年4月1日以前に生まれた
- 老齢基礎年金の受給資格期間（10年）がある
- 厚生年金保険等に1年以上加入していた
- 生年月日に応じた受給開始年齢に達している

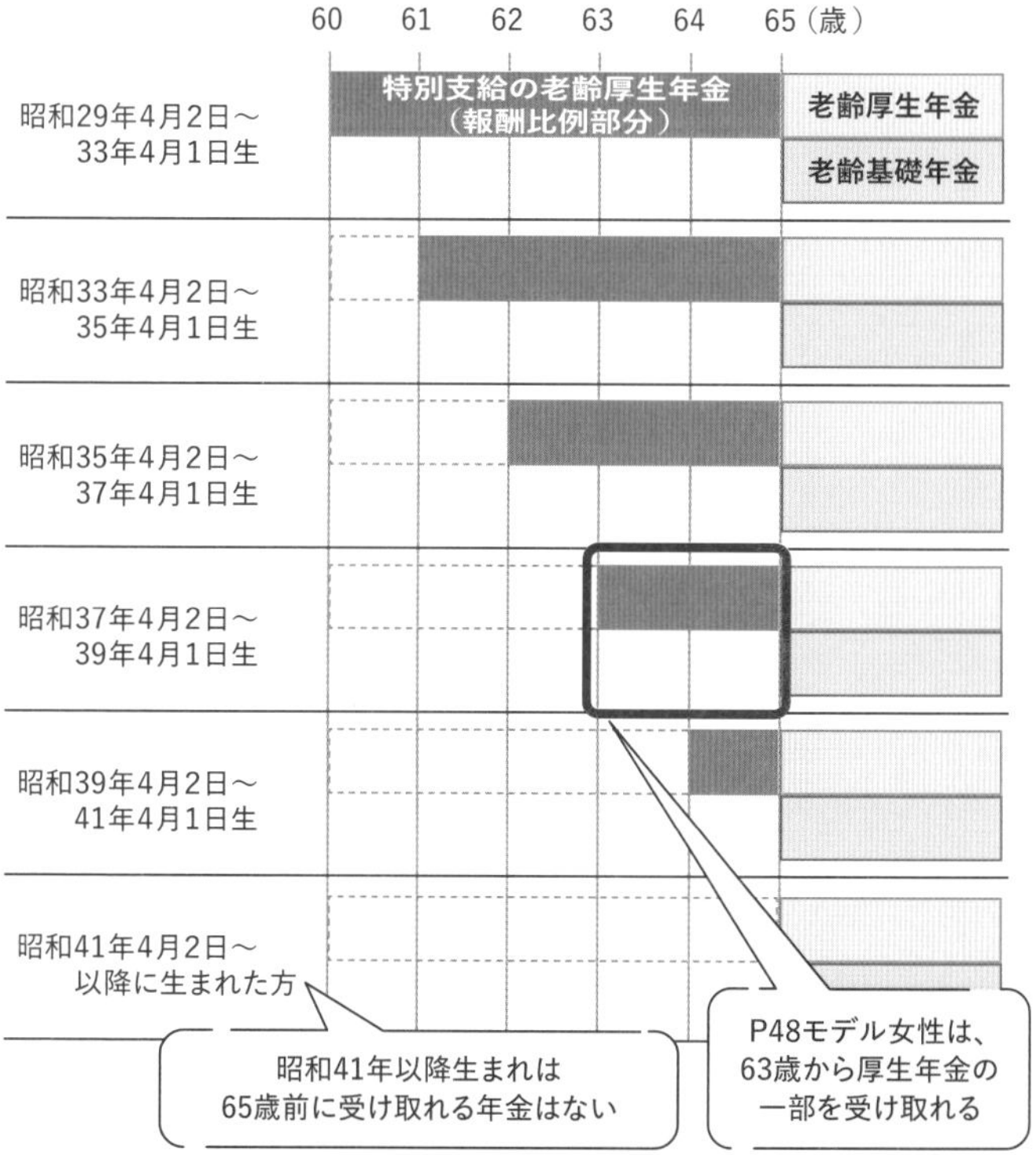

出典：日本年金機構

年金額を増やすためにできること

一生涯受け取れる年金の額を アップする3つのコツ

思いのほか年金額が少なく、ショックを受けている人もいるのではないでしょうか。年金は生きている限り受け取り続けることができるもの。できるだけ受取額を増やしておくと安心です。年金額アップのための３つのコツを紹介します。

❶ 納付期間を延ばす「任意加入」

国民年金（老齢基礎年金）は、原則20歳から60歳までの40年間、保険料を支払うと満額79万５０００円（令和5年度）が受け取れます。「保険料の未納期間がある」「未加入期間がある」人は、60歳以上65歳未満の5年間、国民年金保険料を納めることで、65歳から受

け取る老齢基礎年金を増やすことができる「任意加入」が利用できます（※）。また、老齢基礎年金をもらうには「10年」の納付期間が必要ですが、10年に満たない人は最長70歳まで加入できます。

❷ 未納分を納める「追納」

国民年金保険料の「免除」や「猶予」を申請していた場合は、過去10年以内の免除期間の保険料を納める「追納」が利用できます。追納と任意加入、どちらを選んだほうが年金額がよりアップするかはケースバイケースなので年金事務所に相談することをおすすめします。

❸ 年金の受給開始を遅らせる「繰下げ受給」

65歳以降も働く心づもりであれば、本来65歳から受け取れる年金の受給を最大で75歳まで遅らせることができる「繰下げ受給」も選択肢のひとつです。1カ月受給を遅らせるごとに年金額が0・7％増え、

※第2号被保険者を除く

5年遅らせると42％もアップします。たとえば、国民年金（老齢基礎年金）の受給を１年間遅らせると、月に約４５００円年金額がアップします。90歳まで生きるとすると、１３０万円も多く受け取ることができるので、検討してみる価値はありそうです。

任意加入と追納は国民年金加入者のみが利用できる制度ですが、繰下げ受給は厚生年金加入者も利用でき、老齢基礎年金、厚生年金のどちらかだけを繰り下げるということも可能です。

繰下げ受給はいつでもストップOK
繰り下げた分の年金をさかのぼって
受け取ることもできます

「任意加入」は年金額が月約8000円アップ 75歳まで生きると元が取れる

60〜65歳の5年間加入すると、75歳を超えた時点で保険料納付額を年金増加額が上回ります。

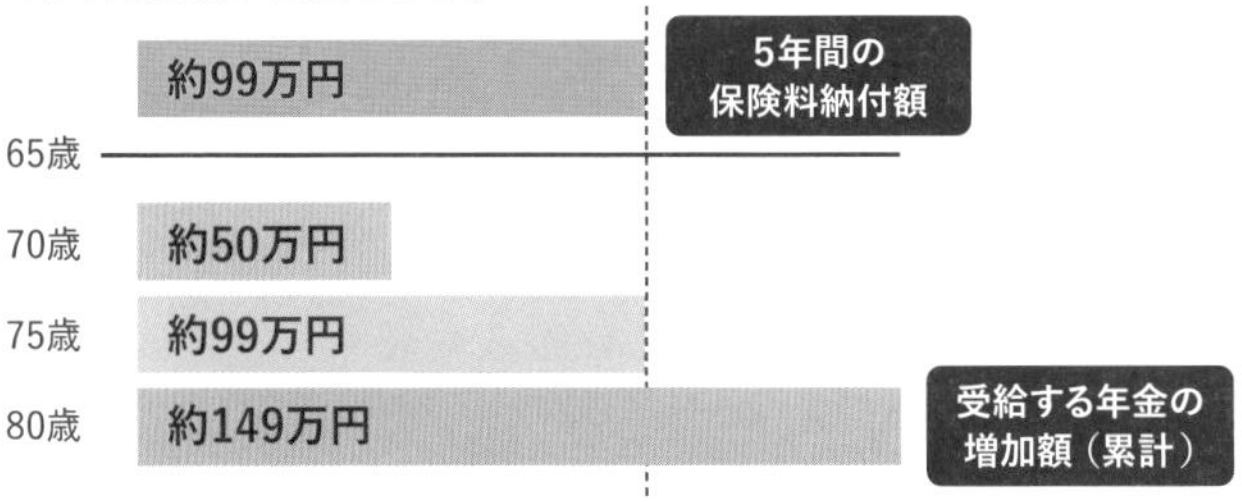

長く働けないなら「繰上げ受給」を検討しても

長生きを前提にすると繰下げ受給がおすすめですが、健康問題などで働くのが難しい場合は「繰上げ受給」も選択肢のひとつ。ただし、60歳から繰上げ受給すると、24％減額されます。

繰上げ受給　60歳から前倒しでもらい始める場合
➡**80歳11カ月以上生きると損**をする

繰下げ受給　70歳から遅れてもらい始める場合
➡**約82歳まで生きると得**をする

受給開始年齢別　年金受給総額（イメージ）

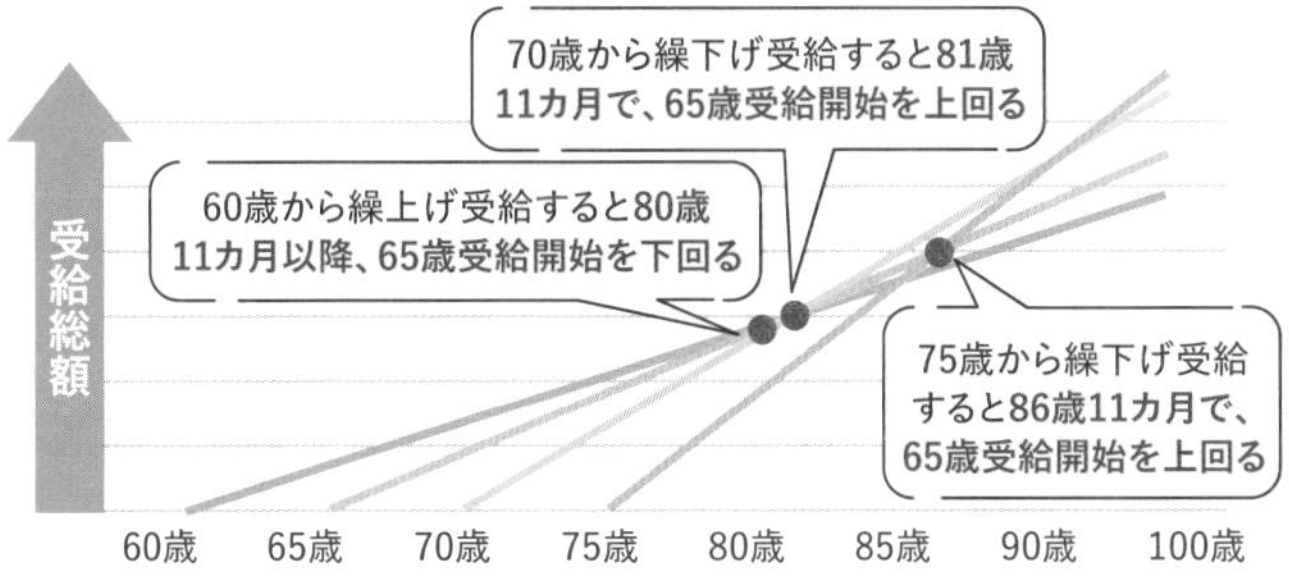

ふかえり先生の年金事務所訪問記

年金のプロに話を聞けて貴重な体験に

「年金事務所」は、年金の加入や給付に関する相談や手続きなどを行うところ。全国にあり、日本年金機構のホームページで最寄りの事務所が調べられます。

みなさんは年金事務所に行ったことがありますか？

私はあります。私が年金事務所を訪れたのは、ほんの偶然でした。たまたま外出先で年金事務所を見かけ、「どんな感じなんだろう」とパンフレットをもらおうと中に入ってみたのです。「忙しいから」「そんな簡単なこともわからないの？」とけんもほろろの対応をされるかと思っていたら、職員の方が「今、ちょうど空いているから、相談にのりますよ」と、やさしく声をかけてくださるではないですか！「その道のプロ」に話を聞けたことで、とても有意義な時間となりました。

年金事務所なんてどんなところかわからない……と不安に思うかもしれませんが、怖がらず、どんどん活用してみてくださいね。今は予約相談もできるようになっています。

日本年金機構　https://www.nenkin.go.jp/index.html

PART 2
お金の整理整頓をしよう

老後は、今の暮らしの延長線上にあります。
そのため、現状を把握しないと、
先のことは何も見えてきません。
将来の不安を払拭するために、
まずはお金を「見える化」していきましょう。

部屋の乱れはお金の乱れ!?

あら～よく
わかったわね
ベルメスの
スカーフよ！
シャラ～ン
でも
これは決して高い
買い物なんかじゃ
ないのよ
キラーン
実はね…
フリマサイトで
買ったものなの！
ええ～
フリマ？
すごい～
見えないいわ
そうよ、本当にいいもの
であればフリマでも
買っちゃうの
私のお金に対する
スタンスは、基本は節約
でも欲しいものは買う
なるべく安く、お得にね！
さすが先生
私も早速
フリマで探そう
かしら
うふ
ズバッ
あなたはまず
お部屋の
整理整頓！
それに
この調子だと
お金の整理整頓も
できてない
でしょ～
ギクッ
お金の
整理整頓って？
家計簿の
ことかしら？
それなら
やってるわ
あら、さすが
生真面目
ヤヨイさんだわ
私は…
あまり
全然…
もちろん
私も
家計簿をつけるのは
当たり前！でも
ドーン
『家計簿はその内容や
記入方法こそが命！』
命！
出ました
ふかえり先生の
格言!!
ウッ
ぜひ
知りたいわ！

自分のお金の「現状把握」から始めよう

お金を〝見える化〟すれば　やるべきことがわかってくる

ＰＡＲＴ１で、自分がどれくらい年金をもらえるか、把握できたでしょうか。でも、年金額がわかっただけでは、まだ不十分。このＰＡＲＴ２では、自分の理想とする暮らしを送るために、年金に毎月いくらプラスすれば足りるのか、そのためにはいくら貯蓄が必要なのか、自分が毎月いくら使っていて、今いくら貯蓄を持っているのか、現状をはっきりさせていく方法を紹介していきます。

既に年金をもらい始めている人も、平均寿命まで生きるとすればあと20年前後もあるのですから、「お金について今さら見直しても遅すぎる……」なんてことは絶対にありません。

ちなみに、あなたの部屋は、今、スッキリ整理整頓された状態でしょうか。なぜ、突然こんな質問をするのかといえば、お金の相談でさまざまなお宅にお邪魔してきた経験から、部屋の状態と家計の状態は不思議なほどリンクしていることを実感しているからです。

たとえば、こんなことはありませんか? あのお気に入りのスカーフ、どこへいってしまったのかな。今日のお出かけにしていきたかったけれど、どうしても見つからない。だから、ついお店で目にした似たスカーフに手が伸びてしまう。そんなことを繰り返すうちに、クローゼットに入りきらないもので部屋が浸食されている……。

こうした状態を脱し、どこに何があるかわかる状態でスッキリ気持ちよく暮らすには、まず自分がどんなものをどれくらい持っているかを把握するところからスタートしましょう。

お金についても、考え方はこれとまったく同じです。

現状を把握するには、家計簿をつけて使っているお金を「見える化」し、いつの間にか増えてしまったクレジットカードや口座を整理して、資産・保険一覧表を作成すること。現状をきちんと把握することができれば、「これから」の暮らしのシミュレーションができ、いくら準備すべきかが見えてきます。

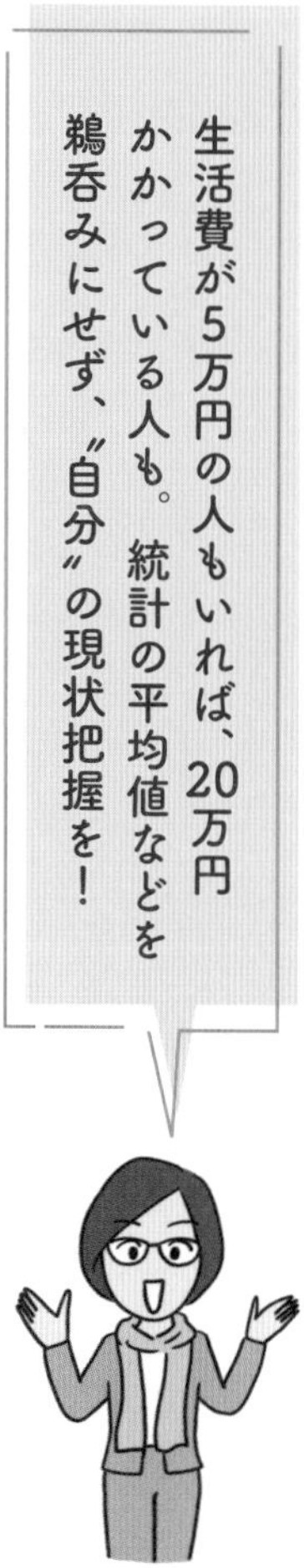
生活費が5万円の人もいれば、20万円かかっている人も。統計の平均値などを鵜呑みにせず、〝自分〟の現状把握を！

お金の「現状把握」のためにすべき3つのこと

1 「2分de家計簿」をつける ➡ P66～

「これから」の暮らしは、「今」の延長線上にあるもの。今、どう暮らしているかを数字で〝見える化〟して客観視すると、「これから」の暮らしにいくらかかるか見通しをつけやすくなります。

2 「キャッシュレス決済」「ポイント」「銀行口座」を整理する ➡ P78～

この3つは、いつの間にか増えてしまうもの。どれも数が増えるほど管理が難しくなるので、お金に苦手意識がある人ほど使わないものは整理して、スッキリさせておきましょう。

3 「資産・保険一覧表」を作成する ➡ P88～

預貯金や持ち家など資産をすべて洗い出し、そこから今抱えているローンなどを差し引いて、手持ちの資産を明確にしましょう。そうすることで、今後の計画がより具体的に立てられます。

「家計簿」をつけるだけでお金が貯まり、収入も増えていく

意識と行動が変わり お金が貯まり始める！

長年ひとり暮らしをしていれば、「何となくお金の出入りはつかめているので、家計簿をつける必要がない」と思っている人も少なくありません。「家計簿って節約のためにつけるんでしょ？ 面倒だからやりたくない」と家計簿への抵抗感がある人もいるでしょう。

いろいろ問題がある自分の家計を客観視するのは、辛いことです。でも、その現実と向き合うことができれば、少しずつ「無意識に続けているサブスクって本当に必要？」「あと1年仕事を続けてみようか」などと意識が変わり、「使っていないものは解約しよう」「せっかく働いて稼いだお金だから、そのぶん好きなことに使いたい。無駄な外食

は減らそう」と自分の価値観が明確になり、行動が変わっていきます。

とはいえ、いろいろ書き込む項目が多い家計簿は、なかなか続かないもの。その点、シンプルで続けやすいのが「2分de家計簿」です。

お金の出入りは、「お財布」と「銀行口座」の2カ所に集約されています。「2分de家計簿」では、この2カ所のお金の動きを、次のような手順で、3つのエクセルシート（※）で管理します。

【ステップ1】現金を使ったら「お財布スッキリシート」に入力
【ステップ2】口座のお金の動きを「通帳スッキリシート」に入力
【ステップ3】これらを合計した収支を「年間収支一覧表」に入力

ひと昔前なら毎日つける必要があった「お財布スッキリシート」も、キャッシュレス決済が浸透した今では、現金を使ったときだけつければOK。「通帳スッキリシート」は月1回、そして、「年間収支一覧表」

※3つのシートは、P76の二次元コードからダウンロードできます。

も月1回だけで構いません。

1日2分家計簿をつけるだけで、お金が貯まり始め、収入も増えていく。「そんなことあるわけない！」と思う人は、ぜひ挑戦してみてください。人生の大転換を体験できるはずです。

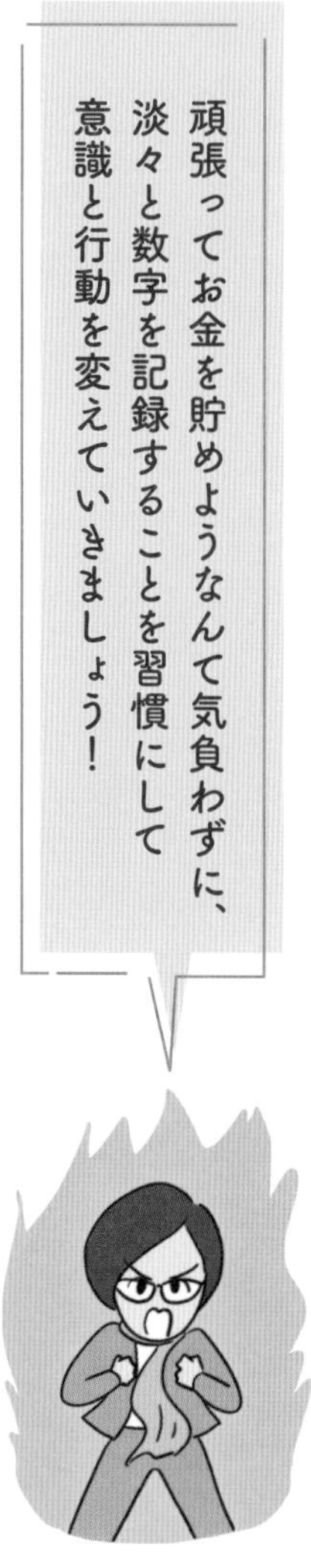
頑張ってお金を貯めようなんて気負わずに、
淡々と数字を記録することを習慣にして
意識と行動を変えていきましょう！

ふかえり先生が実感!

家計簿の習慣化で起きるHappyな10の変化

1. 毎日お金について考えることで、お金に対する苦手意識が消える
2. こまめにレシートを整理するので、お財布の中がいつもスッキリしていて気持ちがいい
3. 無意識に「お金を減らしたくない」という抑止力が働き、支出が減る
4. お金を残したくなるし、無理なく残るようになる
5. 使えるお金が明確になり、お金を気持ちよく使えるようになる
6. クレジットカードや通帳の数が減らせる
7. クレジットカードの使い方が把握でき、明細を見て愕然《がくぜん》としなくなる
8. 「年単位」でお金を考えられるようになり、将来のお金について考えやすくなる
9. 収支を見える化することで労働意欲がわき、収入が増える
10. 貯蓄のスピードが加速し、お金が貯まる

2分de家計簿 ステップ1

「お財布スッキリシート」に入力する

財布の中身と残高が一致する気持ちよさがクセになる

「お財布スッキリシート」は、お財布から出ていった現金を記録するものです。現金を使ったら、その日のうちに入力してしまいましょう。

習慣化するコツは、「これは何の項目に当てはまる支出？」と考えるストレスを減らすこと。だからこそ、項目分けは〝ざっくり〟でOK。スーパーやコンビニのレシートを見ながら、ひとつずつ項目を分けるとなると面倒に感じますが、食費や雑費、消耗品費などは「生活費」としてまとめてしまいましょう。項目は、自分の暮らしに合ったものを自由に設定してください。

シートの記録方法は、次のとおり。あっけにとられるほど簡単です。

❶支出欄に使った金額を入力

⬇

❷財布の中身を全部出す

⬇

❸出したお金を数える

⬇

❹残高と実際のお金を一致させる

ポイントは、現金を使ったその日のうちにやること。1日つけないと「あれ？ 一体何に使ったんだっけ？」と忘れてしまうのが人間というもの。結果、残高とお財布の中にあるお金が合わなくなって、「面倒くさい……」と続かなくなってしまうのです。

毎日、残高がピタリと一致する。その気持ちよさをぜひ味わってみてください。

日々財布からいくら使っているのか、今、財布の中にいくらあるのかがわからなければ、「これから」の暮らしにいくら必要かも見えてきません。まずは小さなお金の動きから把握していきましょう。

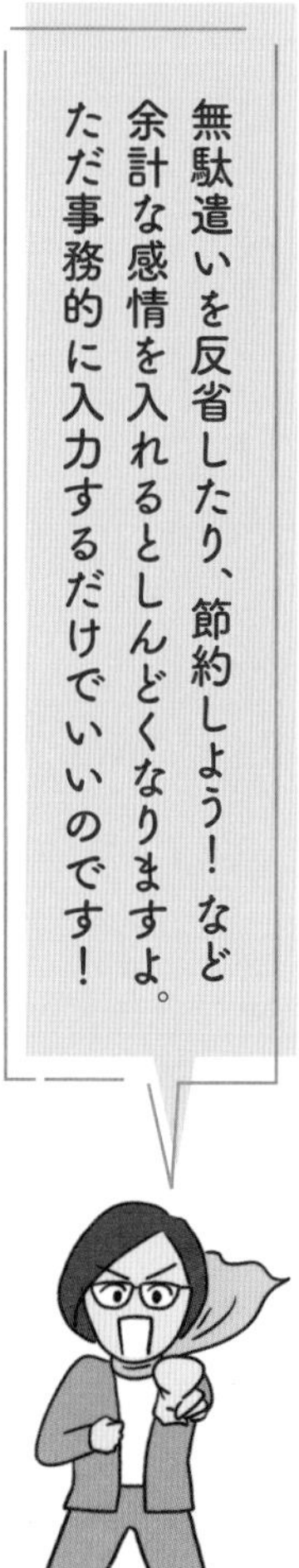
無駄遣いを反省したり、節約しよう！など余計な感情を入れるとしんどくなりますよ。ただ事務的に入力するだけでいいのです！

■お財布スッキリシート（入力例）

財布に入れた現金を入力

2023年1月		財布に入金した金額	財布からの支出						残高
			生活費	外食費	洋服・美容費	医療費	趣味	その他	
現金	前月残	—	—	—	—	—	—	—	2,100
	1	30,000	2,528						29,572
	2								29,572
	3								29,572
	4		3,256						26,316
	5								26,316
	6						6,000		20,316
	7								20,316
	8								20,316
	9								20,316
	10								20,316
	11		3,400						16,916
	12					3,000			13,916
	13								13,916
	14								13,916
	15		3,101		1,620				9,195
	16								9,195
	17								9,195
	18								9,195
	19								9,195
	20			1,856					7,339
	21								7,339
	22								7,339
	23								7,339
	24		3,100						4,239
	25								4,239
	26			3,800					439
	27								439
	28								439
	29								439
	30								439
	31								439
	TOTAL	30,000	15,385	5,656	1,620	3,000	6,000	0	439

項目は、把握したいものを自由に設定

お財布の現金と残高がピタリと合うと、気持ちがいい

この額を翌月の「前月残」に入力

2分de家計簿 ステップ2

「通帳スッキリシート」に入力する

銀行口座のお金の動きを記録する「通帳スッキリシート」は、月1回でOK。もちろん、口座に動きがあるたびに入力しても構いません。口座から引き落とされるものは毎月ほぼ同じなので、通帳を見てシートに項目を落とし込んでください。入力の方法は、次の通りです。

❶ **先月末の残高を入力** ←

❷ **「収入&財布へ」の欄に、収入額を入力** ←

収支がハッキリすると
気持ちよくお金を使えるように

❸口座から引き落とされた金額を入力
⬇
❹シートの残高と通帳の残高の一致を確認する

「お財布スッキリシート」と「通帳スッキリシート」を合計すれば、1カ月の収支がハッキリします。これを毎月やっていけば、自分が生きていくのにどれくらいのお金が必要なのかが見えてくるのです。

数字を明確にしてしまうと、生活が窮屈になりそうなイメージがありますが、それは大いなる勘違い。「これ、買って大丈夫?」と不安に怯えながらお金を使うのではなく、「外食を減らせば、これが買える!」と、むしろ気持ちよくお金を使えるようになるのです。

	預金からの支出									残高
	住居費	通信費	先取り貯蓄	つみたてNISA	貯蓄性保険	掛け捨て保険	健康保険	その他	税金	
	—	—	—	—	—	—	—	—	—	2,000,000
	60,000	5,000								
			20,000							
				10,000						
						5,000				
							12,000			
	60,000	5,000	20,000	10,000	0	5,000	12,000	0	0	2,004,220
	—	—	—	—	—	—	—	—	—	
	0	0	0	0	0	0	0	0	0	0
	60,000	5,000	20,000	10,000	0	5,000	12,000	0	0	

ここは預金からの
支出項目

今月の通帳残高と
ピタリと合うと
気持ちがいい！

ここは
「お財布スッキリシート」と
共通の項目に

■通帳スッキリシート（入力例）

2023年1月		収入&財布へ	預金からの支出						
			生活費	外食費	洋服・美容費	医療費	趣味	その他	水道光熱費
A銀行	前月残	—	—	—	—	—	—	—	—
	給料	70,000							
	年金	100,000							
	クレジットカード1								
	クレジットカード2				6,000		1,980		9,800
	PayPay		3,000						
	Suica		3,000						
	先取り貯蓄								
	つみたてNISA								
	貯蓄性保険								
	掛け捨て保険								
	健康保険								
	税金								
	利息								
	財布へ	-30,000							
	合計	140,000	6,000	0	6,000	0	1,980	0	9,800
B銀行	前月残	—	—	—	—	—	—	—	—
	合計	0	0	0	0	0	0	0	0
お財布+通帳の合計		170,000	21,385	5,656	7,620	3,000	7,980	0	9,800

クレジットカードや
電子マネー等は、明細を見て、
該当する項目に金額を入力

持っている口座の数だけ、
シートを作成することで
家計の全体像が見えてくる

2分de家計簿 ステップ3

「年間収支一覧表」に入力する

年間の収支を把握できると工夫や節約がしやすくなる

月1回やってほしいことが、あとひとつだけあります。それは「通帳スッキリシート」をつけ終わったら、その結果を「年間収支一覧表」に転記すること。これを1年続ければ、1年間のあなたのお金の動きが〝見える化〟できます。

家計全体の収支を俯瞰して眺めることができるようになると、さまざまな「いいこと」が起こります。

そのひとつが、支出を抑えるなら「日々の小さな生活費ではなく、毎月発生する固定費」ということがわかってくることにあります。固定費とは、毎月決まった額が出ていく項目のこと。家賃や住宅ローンなどの住居費、保険料、サブスクの費用、スポーツクラブや趣味の会費などがこれに当たります。動画配信サービスなどの無料キャンペーン中に加入して、無料期間が終わったことに気づかず、ろくに視聴もしていないのにそのまま支払いを続けている、なんてことがないか確認してみましょう。

また、数字という「基準」を持つことで、「貯めなきゃ」「節約しなきゃ」と気負わずとも、お金のかけどころ、削りどころが明確になって工夫や節約がしやすくなるのもメリットのひとつです。

老後の生活費がどれくらいになりそうかの目安も見えてくるので、「趣味を楽しむには、月にあと3日くらい働く日を増やそう」といったように、収入を増やすモチベーションもわいてきます。

「生活にこれだけかかるから節約しなければ」ではなく、「こういう生活がしたいから、思い切って固定費にメスを入れよう」と考え、行動できるようになるのです。

「2分de家計簿」の3つのエクセルシートは、自分で作ってもいいですし、左の二次元コードを読み取れば、ダウンロードできます。合計額などが自動で算出されるよう設定していますので、家計簿つけの手間が省けてとても便利です。ぜひ活用してみてください。

「2分de家計簿」ダウンロードの方法

1 スマートフォンのカメラを起動し、二次元コードを読み込んでください。

2 表示されたアクセス先をタップしてください。

3 表示されたダウンロードページをパソコンにメールで転送し、パソコンにダウンロードしてください。

※スマートフォンやパソコンの環境などによって、表示できない場合があります。その場合、以下のアドレスを入力してください。

https://www.natsume.co.jp/books/18776

※ファイルはエクセルにて作成されているため、ご使用にあたってはソフトを稼働できる環境が必要となります。

■年間収支一覧表（入力例）

	1月	2月		12月	TOTAL	平均
収入						
給料	70,000					
年金	100,000					
その他	0					
合計	**170,000**					
支出						
生活費	21,385					
外食費	5,656					
洋服・美容費	7,620					
医療費	3,000					
趣味	7,980					
その他	0					
水道光熱費	9,800					
住居費	60,000					
通信費	5,000					
掛け捨て保険	5,000					
健康保険	12,000					
その他	0					
税金	0					
合計	**137,441**					
差引	**32,559**					
貯蓄						
先取り貯蓄	20,000					
つみたてNISA	10,000					
貯蓄性保険	0					
その他	0					
合計	**30,000**					

※上記の入力例では1月のみ入っていますが、2月以降も同様に入力していきます。

キャッシュレスを賢く使いこなす2つのポイント

管理しやすく、使いすぎない工夫を

家計簿をつけ始めると、「私って、こんなに何枚もクレジットカードを持っていたんだ」「Ｓｕｉｃａに加えて、〝〇〇ペイ〟などの二次元コード決済をいつの間にかいくつも登録していた」などと、気づかされる人が少なくありません。

心に留めておきたいのが、キャッシュレスはついお金を使いすぎてしまうものである、ということ。小銭やお札の数を数えて支払う現金払いには、「ああ、お金が減ってしまう」という痛みがつきものです。ところが、キャッシュレス払いにはそれがありません。実体がなく、失う痛みがないので、高額でもするりと使えてしまうのです。

とはいえ、電車やバスはもちろん、コンビニやスーパー、薬局などでの日常の買い物から、家電や洋服といった大きな買い物まで、キャッシュレスで済ませるのが当たり前になっている今、「現金払いのほうがお金が貯まる」とわかっていても、なかなかこの便利さを手放すのは難しいですよね。

そこで、これからを生きるシニア世代が身につけておきたいキャッシュレスとの付き合い方のコツは、次の2つです。

❶ 数を絞る

この機会に、カードも電子マネーも「メイン」で使うものと「サブ」で使うもの、それぞれ2つ程度に絞りましょう。

現金の管理だけでも大変なのに、カードなどの数が多いほど管理が大変になりますし、家計簿をつける手間も増えてしまいます。

できることならひとつに絞ってしまうのもおすすめ。お金の流れもスッキリわかりやすくなり、ポイントもひとつに集約して貯められます。

整理して不要になったカードや電子マネーは放置せず、きちんと解約しておきましょう。余分なものを手放すと、引き落とし日を気にしたり、お金を使いすぎたと気に病んだりすることがなくなり、ストレスから解放されます。何より、何にどれくらい使ったかがわかりやすくなるので支出が減り、貯蓄が増えていく効果も体感できます。

❷ 明細を確認する

月1回「通帳スッキリシート」をつけるとき、クレジットカードや電子マネーの明細を忘れずに確認し、何にいくら使ったのかを入力してください。

この「数字を確認する」という作業が、お財布から現金を出すときに感じる「痛み」と同じ効果をもたらし、「５０００円電子マネーをチャージするとコンビニでつい使いすぎてしまうから、チャージ額は３０００円にしよう」などと、支出を減らす効果をもたらしてくれます。

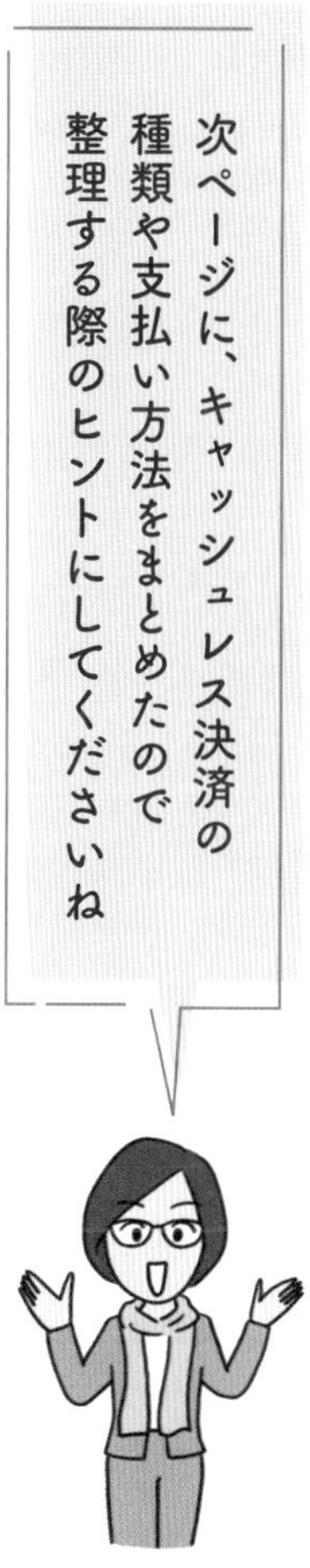
次ページに、キャッシュレス決済の種類や支払い方法をまとめたので整理する際のヒントにしてくださいね

キャッシュレス決済の種類

サービスや支払い方法など多岐にわたる、キャッシュレス決済の種類についてまとめました。数を絞るときの参考にしてください。

		クレジットカード	電子マネー	コード決済	デビットカード
代表的なサービス		JCBカード、VISAカードなど	Suica、PASMO、WAON、nanaco、楽天Edy、iD など	PayPay、楽天ペイ、LINE Pay、d払い など	銀行系デビットカード、デビット付キャッシュカード など
決済の種類	スマホ決済	○	○	○	○
	カード決済	○	○	×	○
決済のタイミング		後払い	前払い、後払いが選べる場合が多い	前払い、即時払い、後払いが選べる場合が多い	即時払い

Point!

「オートチャージ」は使いすぎの原因に!

残高が設定金額未満になると、自動的にチャージ（入金）されるオートチャージ機能。電子マネーやコード決済と、クレジットカードや銀行口座とを紐づけることで、自動的にチャージされるしくみです。残高不足の心配がなく便利ですが、お金を使っている実感がないため、ついつい使いすぎてしまうので注意しましょう。

キャッシュレス決済の支払い方法

キャッシュレス決済は、決済のタイミングによって
3つのタイプに分けられます。
自分の生活スタイルやお金の使い方に合わせて選びましょう。

前払い

利用金額を
事前にチャージ

代表例
電子マネー

あらかじめ現金をチャージしておくので、使いすぎが防げる。

即時払い

即時に代金が
引き落とされる

代表例
デビットカード

支払いと同時に口座から代金が引き落とされる。口座の残高以上は使えないので、使いすぎが防げる。

後払い

後から
請求がくる

代表例
クレジットカード

後日請求される支払い方法。代金が引き落とされるまでタイムラグがあるぶん、使いすぎに注意が必要。

コード決済は、この3つから
選択できることが多いので、
使いすぎを防ぎたいなら、
前払い・即時払いを選びましょう!

自分らしい「ポイント」との向き合い方を見つけよう

ポイントにつられて出費が増えるのは本末転倒

キャッシュレス決済を使っていくうえで悩ましいのが、「ポイントをどう考えるか」ということです。

クレジットカードをコード決済などと紐づけると、「カードのポイント」と「コード決済のポイント」を二重取りできたり、さらにお店ごとのポイントカードなどを併用すると三重取りも可能だったりします。

こんなふうにお得にポイントを貯める「ポイ活」も、最近ではとても人気です。ポイ活の情報を収集し、実際に活用するのが得意な方はどんどんやるべきだと思います。

でも、現金やカードの管理が苦手な人で、ポイントをきちんと貯めて管理できているという人は、あまりお目にかかったことがありません。ましてや、「ポイントにつられてクレジットカードを使いすぎてしまう」なんてことにもなりがちです。

ポイ活の情報をチェックするマメさがない私自身は、百貨店系列のスーパーが近所にあるため、その百貨店グループのクレジットカードをメインで使い、ポイントを集約しています。ポイ活せずとも、自然にそこそこのポイントが貯まるので、スーパーや100均などで、家計簿外のちょっとした買い物を楽しんでいます。

熱心にポイ活するもよし、自分の生活に合ったカードにポイントを集約する程度に、ゆるくポイントと向き合うもよし。自分に合った方法を見つけてみてください。

銀行口座との付き合い方を見直そう

不要な通帳は整理し お金をおろすのは月1回に

クレジットカードなどと同様に、銀行口座がたくさんあると、家計簿をつける手間も増え、お金の流れもわかりにくくなってしまいます。使っていないものは整理してスッキリさせておきましょう。口座は2つあれば十分ですし、管理が苦手な人ならひとつでも構いません。

もちろん、いくつかの口座を「貯金用」「入金用」「出金用」などと目的別に使い分けていて、きちんとお金が貯まっている人はそのままでもかまいません。でも、それはかなりの上級者。少しずつ残高の残った通帳が何冊もある……という場合は、相続の際も手続きが煩雑になって、後を託す人を悩ませることになりかねません。今のうちに不要な口座は解約しておきましょう。

また、1カ月のうちに何度もATMに行き、少額ずつ引き出していませんか？「お金をなるべく使わないように」という意識ゆえの行動かもしれませんが、これではお金はなかなか貯まりません。

銀行から引き出すのは月1回にしてみましょう。自分がどれくらい現金を使うのか、1カ月家計簿をつければだいたいの額が見えてきます。引き出し額はそれを目安にすればいいのです。たとえば必要な現金が5万円なら、月1回、一度に引き出してしまいましょう。そして、その都度必要な額を財布に入れ、残りは封筒などに入れて安全なところにしまい、1カ月やりくりしてみるのです。これなら何度もATMに行く時間を取られることなく、急に現金が必要になって手数料が引かれるATMを使わざるを得ない、なんて無駄もなくなります。

「資産一覧表」を作って今、いくらあるのかを把握する

資産を把握するともっとお金を増やしたくなる

今、自分がいくら資産を持っているか、即答できるでしょうか。「資産なんてお金持ちにしか縁がないもの」と思っているかもしれませんが、銀行口座にあるお金以外にも、貯蓄性のある保険、株や投資信託、持ち家なども立派な資産です。

今、いくら持っているのか、家や車のローンなどの負債（借りているお金）も含めて「資産一覧表」を作り、自分のお金の棚卸しをしましょう。資産を把握すると、今後必要になるお金がシミュレーションしやすくなり、貯蓄へのモチベーションが高まる効果も。「資産一覧表」のエクセルシートは、左ページの二次元コードからダウンロードできます。

■資産一覧表（入力例）

資産

	銀行名	支店名	種類	残高
銀行	A銀行	○○支店	普通	200万円
				200万円

	会社名	種類	保険金	解約返戻《へんれい》金
保険	A生命	個人年金	30万円×10年	150万円
				150万円

解約返戻金があるものは入力

	会社名	種類	商品名	評価額
証券	A証券	つみたてNISA	△△ファンド	200万円
				200万円

明細を見て評価額を入力

	種類	査定額
不動産		

持ち家がある人は、
売却見込額を調べて入力

資産合計		550万円

負債

住宅ローンなどもあれば入力

	種類	査定額
ローン	車のローン	30万円
	クレジットカード	2万円
		32万円

負債合計		32万円

純資産合計		518万円

これが、今の自分の資産総額

「保険一覧表」を作り書類をファイリングしておく

保障内容と書類の所在を把握することが安心材料に

何となく保険料を払ってはきたけれど、どんな保険に入っていて、入院時や死亡時にいくらもらえるのか、すぐ答えられる人は少ないものです。また、ひとり暮らしだからこそ、いざ入院となったとき「保険関係の書類が所在不明……」なんて事態は避けたいですよね。

この機会に、保険関係の書類を引っ張り出して、加入しているすべての保険を「保険一覧表」（※）に入力すると同時に、契約内容が書かれた保険証券などを一緒にファイリングしておきましょう。とりあえず取っておいた保険会社からの郵送書類も、内容を確認して不要なものは捨て、整理するとスッキリします。

※エクセルシートは、左ページの二次元コードからダウンロードできます。

■保険一覧表（入力例）

		1	2
保険会社		A生命	B生命
保険種類		医療保険	個人年金保険
証券NO.			
契約日			
払込終了		終身	65歳まで
保険期間		終身	10年
契約者		本人	本人
被保険者		本人	本人
受取人		本人	本人・兄
死亡	死亡・高度障害	なし	あり
介護			
特定疾病			
医療	入院給付金	1万円／日	
	手術給付金	10万円	
	通院		
	先進医療		
	女性疾病入院		
年金	開始年齢		65歳
	支払期間		10年
	受取金額		30万円×10年
解約返戻金		なし	150万円
保険料	支払方法	口座引き落とし	口座引き落とし
	払込期間	終身	65歳まで
	金額	5,000円	1万円

「みらいのお金シミュレーション」でこれからの暮らしを〝見える化〟する

将来かかるお金を明確にしてライフプランの手がかりに

現状把握のため、最後にやっておきたいのは、現時点での「みらいのお金シミュレーション」（※）を作成してみること。これまでに判明した年金額や預貯金、保険の受取額、生活費などをもとに数字を入力していきましょう。

生活費などは、「これからの自分が理想とする暮らし」を想定して、ざっくりした数字を書き入れればＯＫです。この表を作る目的は、未来を見通して、手持ちの資金がいつ底を尽きそうかを知り、足りないお金をどうするかを考えていく手がかりを得ること。正確な表を作ることが目的ではありません。65歳以降の生活費などは、「イントロダ

※エクセルシートは、95ページの二次元コードからダウンロードできます。

クション」で紹介した統計データなども参考にしてみてください。

次ページのシミュレーション例は、賃貸に住み続け、65歳からの5年間、旅行の年間予算を20万円とった場合を想定してみました。貯蓄は95歳までもつ計算ですが、賃貸物件の更新料や親と自分の介護費はもちろん、病気になった場合のこと、インフレなどを考えると、現状のままでは現実味が薄いですよね。

ただ、それもシミュレーションして〝見える化〟したからこそわかること。数字にしてみることで、「もっと割安な物件に引っ越したほうがいいのかな」「旅行予算はもっと現実的な数字に見直そう」「働く期間の延長も考えてみようか」などと、理想と現実をすり合わせるための気づきや対処法が見えてきます。この数字をアップデートしながら、「これからの暮らし」をより具体的なものにしていきましょう。

自分が算出したい支出項目を
自由に設定

収入合計	支出			支出合計	残高
	家賃	家賃以外の支出	旅行代		
4,000,000	—	—	—	—	**4,000,000**
2,040,000	720,000	960,000	200,000	1,880,000	4,160,000
2,040,000	720,000	960,000	200,000	1,880,000	4,320,000
2,040,000	720,000	960,000	200,000	1,880,000	4,480,000
2,340,000	720,000	960,000	200,000	1,880,000	4,940,000
2,340,000	720,000	960,000	200,000	1,880,000	5,400,000
2,340,000	720,000	960,000		1,680,000	6,060,000
1,500,000	720,000	960,000		1,680,000	5,880,000
1,500,000	720,000	960,000		1,680,000	5,700,000
1,500,000	720,000	960,000		1,680,000	5,520,000
1,500,000	720,000	960,000		1,680,000	5,340,000
1,500,000	720,000	960,000		1,680,000	5,160,000
1,500,000	720,000	780,000		1,500,000	5,160,000
1,500,000	720,000	780,000		1,500,000	5,160,000
1,200,000	720,000	780,000		1,500,000	4,860,000
1,200,000	720,000	780,000		1,500,000	4,560,000
1,200,000	720,000	780,000		1,500,000	1,560,000
1,200,000	720,000	780,000		1,500,000	1,260,000
1,200,000	720,000	720,000		1,440,000	1,020,000
1,200,000	720,000	720,000		1,440,000	780,000
1,200,000	720,000	720,000		1,440,000	540,000
1,200,000	720,000	720,000		1,440,000	300,000
1,200,000	720,000	720,000		1,440,000	60,000
1,200,000	720,000	720,000		1,440,000	**-180,000**
1,200,000	720,000	720,000		1,440,000	**-420,000**
1,200,000	720,000	720,000		1,440,000	**-660,000**
1,200,000	720,000	720,000		1,440,000	**-900,000**
1,200,000	720,000	720,000		1,440,000	**-1,140,000**

生活にかかる
支出総額
14万円／月

旅行予算20万円×5年間。
実現可能？

仕事を辞めると
預貯金を
取り崩す生活に

生活にかかる
支出総額
12.5万円／月

生活にかかる
支出総額
12万円／月

95歳まで貯蓄は
もつが、介護費や
更新料などは
どうする!?

■みらいのお金シミュレーション（入力例）

西暦	年齢	収入				貯蓄	
		給料	年金	退職金	保険	預貯金	株・投信
残高		—	—	—		2,000,000	2,000,000
2023	65	840,000	1,200,000				
2024	66	840,000	1,200,000				
2025	67	840,000	1,200,000				
2026	68	840,000	1,200,000		300,000		
2027	69	840,000	1,200,000		300,000		
2028	70	840,000	1,200,000		300,000		
2029	71		1,200,000		300,000		
2030	72		1,200,000		300,000		
2031	73		1,200,000		300,000		
2032	74		1,200,000		300,000		
2033	75		1,200,000		300,000		
2034	76		1,200,000		300,000		
2035	77		1,200,000		300,000		
2036	78		1,200,000				
2037	79		1,200,000				
2047	89		1,200,000				
2048	90		1,200,000				
2049	91		1,200,000				
2050	92		1,200,000				
2051	93		1,200,000				
2052	94		1,200,000				
2053	95		1,200,000				
2054	96		1,200,000				
2055	97		1,200,000				
2056	98		1,200,000				
2057	99		1,200,000				
2058	100		1,200,000				

70歳まで働くことを想定

個人年金保険の保険金を10年間受け取る

ふかえり先生の家計簿ビフォー・アフター

家計簿は 貯蓄や節約はもちろん 収入アップにも効果絶大

家計簿をみなさんに勧めておきながらなんですが、ローンを組まずにマンションを買うという目標を43歳で達成した私は、家計簿をやめてしまったことがあります。ところが、80歳近い母は、淡々と家計簿をつけ続けていました。しっかり貯蓄していたのはもちろん、毎日株価をチェックし投資までしていたのです。

母に負けてはいられないと53歳で家計簿を再開したとき、より簡単につけられるよう編み出したのが「2分de家計簿」です。

それが習慣化すると、貯蓄が増えただけでなく、多くの変化が現れました。一番の変化は、収入がアップしたこと。「自営業として独立したのに、会社員時代と変わらない数字じゃ満足できない。今年はもっと働いて去年よりプラス100万円貯金する」という思いがわきあがりました。特に頑張ったわけではないですが、「働くと決めたんだから、だらだらスマホはやめて早く寝よう」などと意識が変わり、明らかに収入が増えたのです。

年金生活が視野に入ってくると、「もう収入増や貯金は難しい。節約しかない」と考えがちですが、本当でしょうか？　無理なく働き続けたり、投資したりと、選択肢はまだまだあります。自らを客観視できる家計簿は、それを考えるきっかけをくれるものなのです。

PART 3

お金を貯めよう

この先、どんな暮らしをするにせよ
お金があって困ることは絶対にありません。
お金を貯めるには、コツがあります。
最後の「貯めどき」である今、
しっかり貯蓄に励みましょう。

貯蓄は〝千里の道も一歩から!〟

ユメコさん、今マグカップは持ってるって言ったわよね
じりじり
じりじりじり
いくつ持ってるの？
えっと…たぶん2個？3個だったかな…
ビシッ
まずそこがダメ!!
何を、どれくらい持っているかわかってないと無駄な買い物につながるんです！
たしかに…
物欲はいいのよ
欲しいものを手に入れたときのワクワク感は大切！
トキメキよね
なるほど…
でも"安いから"という理由で買うのはダメ！
本当に欲しいものを買うことが大切なのよ
安いからお得だから、って買ったものって、結局大事にしないでしょ？
あんまり愛着がわかなくて使わなくなったものあるわ…
フム
お金を貯めるには細かい出費を抑えることが重要なのよ！
ビッ
はい！
お金はチリツモ
無駄な出費は極力なくしましょうね！
はい！

これからの生活のためにいくら貯めておけばいいか考えよう

「60代のうちに1000万円」が最低ライン

92ページの「みらいのお金シミュレーション」を作成すると、何歳でお金がなくなりそうかが見えてきます。

では、一体いくらお金を準備すればいいのでしょうか。結論から言うと、ひとり暮らしであれば、60代の時点で最低でも１０００万円程度の資産は持っておきたいところです。これは、保険や投資を組み合わせての金額ですが、詳しくはＰＡＲＴ４でお話ししていきますね。

94〜95ページのシミュレーションでは、４００万円の蓄えがあるとして試算しましたが、介護費用の目安は１人５００万円といわれています。貯蓄４００万円くらいだと、親や自分に介護が必要になれば、あっという間に蓄えを使い果たしてしまう可能性があるのです。

お金のことは本当に人それぞれで、働き方や家族構成はもちろん、生活費、退職金、親から相続する財産、住まいの状況なども、ひとりひとり違います。介護費用のほかに、持ち家ならリフォーム費用、賃貸なら更新費なども考えておかなければなりません。

要介護状態になるかもしれないし、ならないかもしれない。そう考えると、いくら準備すべきか踏ん切りがつかないところですが、シニア世代ともなると、正直「いくら貯めようか」なんて悠長なことは言っていられない「待ったなし」の状態です。ましてやひとり暮らしなら、備えが多いに越したことはありません。いくら貯めてもお金は邪魔になりませんよね。60代のうちに1000万円以上の資産を目標に、「貯める習慣」を身につけ、危機感を持ってお金を貯めていきましょう。

お金を貯めるのに一番大切なのは価値観を明確にすること

価値観を明確にすると自然と「貯蓄体質」に!

なかには、「1000万円!? 今からじゃそんなの絶対無理……」と感じた人もいるかもしれません。

貯蓄がゼロに近いという人は、まずは「100万円貯める」ことを目標にしてください。山登りと一緒で、いきなりハイペースで貯め始めても、途中で息切れしてしまいます。貯めるコツをつかんでから、貯蓄ペースを加速させていけばいいのです。でも、時間がないですからね、「今すぐ」行動していきましょう。

ここでひとつ、あなたに質問です。お金を貯めるのに最も大切なのは、何だと思いますか? 忍耐? 根性? 節約テクニック? いいえ、どれも違います。正解は、「自分が何にお金をかけたいのか、かけたくないのか」という価値観を明確にすることです。

たとえば、私は物欲があるほうです（笑）。長く使うものは、いいものが欲しいし、おしゃれも大好きです。ただ、使えるお金は限られていますから、それ以外のところでは100均もフル活用しています。

「贅沢していないのにお金が貯まらない」「節約が苦手。続かない」という人の多くが、「何となく」お金を使っています。「何となく」ではなく、自分の価値観にもとづいてお金を使う習慣が身につくと、不思議と節約が辛いもの、耐えなければいけないものではなくなり、どんどんお金が貯まり始めます。

あなたは何が好きですか？　これからどんな暮らしがしたいですか？　それを考えるのが、お金が貯まる近道になります。

60代からお金を貯めるには

貯蓄が少ない人は「老後をなくす」選択も

同じ60代でも、定年前の人もいれば、再雇用で働き続けている人、週数回アルバイトをしている人など、状況はそれぞれ違いますよね。

でも、働いて現金収入を得やすい60代のうちが「最後の貯めどき」であるという点は同じです。現金収入があるうちは、最低でも収入の2割を先取り貯蓄に回す。これが年齢を問わず、お金を貯める基本です。2割が難しい場合でも、一定額を必ず先取り貯蓄してください。

将来の不安がないほどたっぷり貯めている人は少数派だと思いますので、60代であれば、先取り貯蓄をしたあとの残り8割で暮らしながら、できるだけ節約してお金を貯めていくことを心がけてください。

同時に、ただ貯めるのでなく、107ページで紹介しているように、お金を「使う時期」で3つに分けて効率的に貯めていきましょう。

とはいえ、今の時点で、貯蓄が100万円に満たないという人は、貯蓄や投資だけではかなり厳しいのが本当のところです。

貯蓄が少ない人は、「収入が少なく貯蓄が十分できなかった」「収入は多いが支出も多かった」という2パターンがあります。前者は年金額も少なく生活費が不足しがちです。後者は生活費は年金で賄えるかもしれませんが、イレギュラーな出費への備えがありません。

いずれにせよ、こうした場合の対処法のひとつとして提案したいのが「老後をなくす」ことです。「老後」を「現金収入がなく、年金収入+貯蓄を取り崩して生活すること」と定義すると、生きている限り働いて収入を得続けていくのなら、老後資金の準備自体が不要になります。

もし、「無理だ」と思うなら、働くことに代わる対策――たとえば、相続でお金を得られる可能性や結婚による生活の安定など、さまざまな選択肢を考えてみてください。

「その手があったか！」と働き続けることを選ぶなら、どう健康を維持するか、どんな仕事が長く続けやすいか情報収集を始めましょう。

一番やってはいけないのは、貯蓄が少ないという現実から目をそらすこと。正面から向き合えば、自分がすべきことが見えてきます。


「貯蓄も大事だけれど今も楽しみたい」は60代には当てはまりません。最後の貯めどきである今のうちに、貯蓄と節約に励んで！

シニア世代からのお金の貯め方

60歳からの10年間、9万円近く預金していけば
約1000万円貯まりますが、果たして可能でしょうか?
シニア世代のお金の貯め方には、コツがあります。

**お金は「使う時期」で3つに分けて貯め、
すぐ使わないお金は増やしていきましょう!**

使う時期	5年以内	5〜10年以内	10年以上先(老後)
預け先	銀行(預貯金)	証券会社(投資信託)	保険会社(貯蓄性保険)

5年以内に使う予定の生活費や家電などの大きな買い物、急病などに備えるお金。**生活費3カ月分+αの金額**を、すぐ引き出せる**銀行口座に預ける**

リフォーム費用など、**使うタイミングが5〜10年以内**のお金は、**投資信託**で増やしていく

10年以上先に使う、長生きリスクなどに備えるお金は、**投資信託や保険**で増やす

投資は慌てて始めたりせず、
PART4を参考にしながら
まずは正しい知識を身につけて!

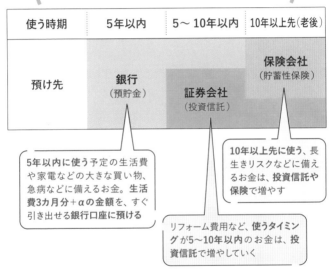

保険を見直して、整理してみよう

90ページで紹介した「保険一覧表」は作成できましたか？　その表をもとに、保障内容が重複している保険は解約するなどして整理し、無駄な保険料を支払い続けることがないようにしたいところです。そのほか、60代の保険の見直しポイントは次の3つです。

60代の保険、見直しポイントは3つ

❶「掛け捨て型」「貯蓄型」の違いをきちんと理解できているか

保険には、「掛け捨て型」と「貯蓄型」の2つがあります。それぞれのメリット・デメリットを111ページにまとめたので、参考にしてください。「掛け捨ては無駄」「利率が高くない貯蓄性保険は損」な

どさまざまな意見がありますが、保険に「いい保険」「悪い保険」があるわけではありません。経済状況や考え方は人それぞれ。「自分に合っているか、合っていないか」が取捨選択のポイントです。

たとえば貯蓄性保険は、預金にお金を置いておくと使ってしまう、貯蓄や投資が苦手という人にはありがたい存在。掛け捨て型の医療保険は、貯蓄がある人ならそれで入院費を賄えるので不要ですが、そうでないなら割安の保険料で済むので加入しておきたいところです。

❷ 高額の死亡保障は見直す

面倒を見ている家族がいないのであれば、高額の死亡保障は不要ですが、ナシでいいというわけでもありません。預金は相続が確定するまでおろせないので、あなたの死亡時に後を託された人が葬儀代などを一時負担することになってしまいます。その点、保険なら請求後1

週間程度で保険金が受け取れるため、葬儀代程度の死亡保障に加入しておくといいでしょう。

❸医療保障が「終身型」になっているか

ひとり暮らしだと、医療費の負担で貯蓄が減るのはもちろん、入退院時の付き添いや必要な品を自宅から届けてもらうなどのサポートについて、人を雇ってお願いする場合もあります。そのため、医療保険は、一生涯保障が受けられる「終身型」を選んでおくと安心です。

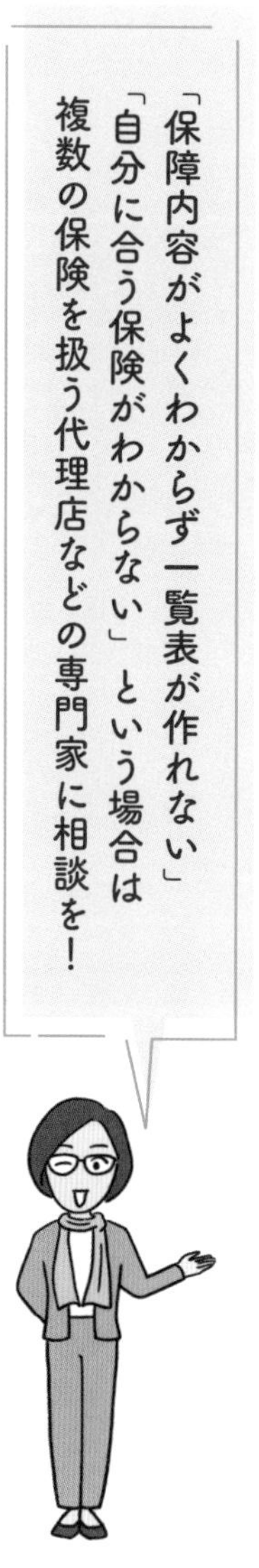
「保障内容がよくわからず一覧表が作れない」
「自分に合う保険がわからない」という場合は
複数の保険を扱う代理店などの専門家に相談を!

「掛け捨て型」と「貯蓄型」の違い

メリット、デメリットなどを比較して、自分に合った保険を選びましょう。

掛け捨て型		貯蓄型
貯蓄性のない保険。契約期間内に思わぬ病気や事故に遭わず、保険金を受け取らなければ、支払った保険料は掛け捨てることになる	特徴	死亡時や介護が必要になった場合の「保障」と、満期時や解約時にお金を受け取れる「貯蓄」を兼ね備えた保険。老後資金の準備に活用できる
•定期保険 •医療保険 •がん保険 •介護保険（民間）	代表的な商品	•終身保険 •個人年金保険 •介護保険（民間） •養老保険 •変額保険 •医療保険 •がん保険
•貯蓄型と比べて保険料が割安 •保障内容がシンプル	メリット	•満期保険金や解約返戻金が受け取れる •払い込んだ金額より多くの保険金を受け取れることも
•払い込んだ保険料は戻ってこない	デメリット	•掛け捨てに比べて、保険料が割高 •払い込んだ金額を下回り、元本割れすることも •途中解約すると、返戻金が戻ってくるが、払い込んだ金額を下回ることも
•毎月の保険料を抑えたい人 •老後資金は、自分で投資や貯蓄をして用意できる人	向いている人	•投資や貯蓄が苦手な人 •長生きリスクやインフレリスクに備えながら、生きている間に受け取れるお金を作りたい人

シニア世代が無理なく続けられる節約のコツ

部屋と心を整えることが一番効果のある節約法！

今は「月〇万円で豊かに暮らす」といった、少ない年金を上手にやりくりして生活を楽しんでいるシニア女性たちの書籍や動画がたくさん登場しています。

さまざまなアイデアを駆使して「食費月1万円」を実現している彼女たちを見ていて思うのは、生活を楽しむ能力がずば抜けているということ。作ったり考えたりするクリエイティビティが高いからこそ、「節約しなきゃ……」という悲愴感など一切なく、おしゃれな生活を満喫できているのです。

もちろん、真似《まね》できるところはどんどん取り入れたいところですが、私自身、贅沢しているわけではないものの、夫と2人暮らしで食費月2万円に収まる気配はまったくありません。でも、「あの人はできているのに、どうして私はダメなのだろう」なんて落ち込む必要はないのです。自分にできることを、無理なく続けていったほうが、精神衛生上もいいですし、「我慢しすぎてストレスが溜まり、結局無駄遣いしてしまった」なんて事態も防げます。

私自身が実践していて、無理なく続けられる節約のコツを115ページにまとめたので、ぜひ参考にしてみてください。

じつは、一番節約に効果があるのは、部屋をきちんと片づけることだと私は思います。

心が乱れると部屋が散らかるとよく言いますが、それはお金の使い方でも同じです。部屋が整っていれば心が穏やかになりますし、どこに何があるかがすぐわかります。そのため、「あ、またこのペン買っちゃった」というような、無駄な買い物を防げるのです。

心とお金は切っても切り離せない関係です。ストレスのもとになるような無理な節約ではなく、ちょっと心がけるだけで効果が得られる節約のコツを覚えて、これからの生活を豊かに彩るために必要なお金を増やしていきましょう。

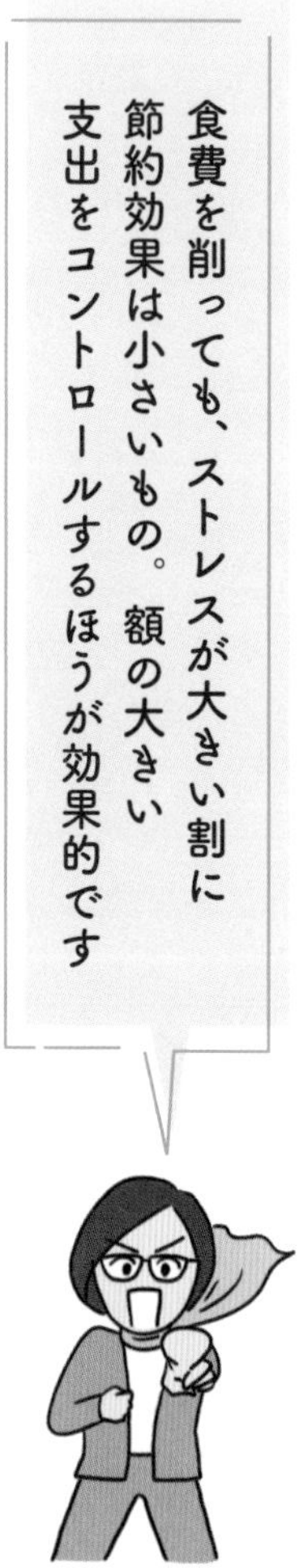
食費を削っても、ストレスが大きい割に節約効果は小さいもの。額の大きい支出をコントロールするほうが効果的です

ふかえり先生が実践！

今日からできる 節約4つのコツ

コツ 1 帰宅後は、バッグの中身を出す

帰ったらすぐ、買い物のレシートやハンカチ、ティッシュなどをバッグから全部出しましょう。整理しながら1日を振り返ると、お金の使い方や行動がわかります。整えることで、気持ちがスッキリする効果も。

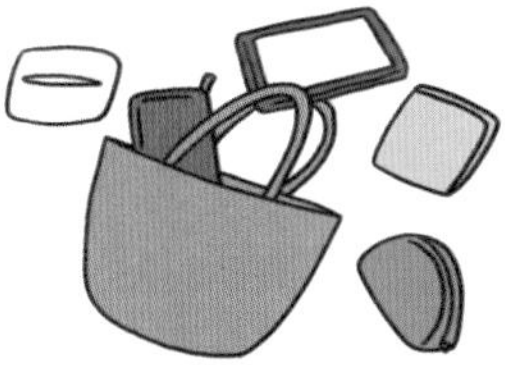

コツ 2 コンビニにはなるべく行かない

新製品や期間限定商品など、目に入ってくるものをつい買ってしまいがちなコンビニやスーパーは、行く回数を極力減らしましょう。買うものを細かく制限するより「行かない」ことのほうが、節約効果大!

コツ 3 美容院は「少しだけ先延ばし」

美容院代は、「少しだけ先延ばし作戦」がおすすめ。2カ月おきに行く場合、25日に行ったなら、2カ月後の25日から少し先延ばしして、翌々月に入ってから行きましょう。結果的に回数を少しずつ減らせて、きれいもキープ！

コツ 4 冷蔵庫の中を整理する

「食費を節約しよう!」と意気込むより、まずは冷蔵庫の中に眠っている食品を無駄なく使いきろうと考えたほうが、簡単で節約に。冷蔵庫を整理整頓して中身を把握しておけば、自ずと余計な買い物もしなくなります。

ふかえり先生の貯蓄術

小さなストレスを減らしていくとお金が貯まり始める

私の貯蓄術は、いたってシンプル。先取り貯蓄をして、そのお金を使う時期で3つに分け、効率的に貯めていく。家計簿をつけて、お金の出入りを見える化し、意識と行動を変えていく。それだけなんです。

あとひとつ言えることがあるとしたら、浪費につながるストレスを放置しないこと。以前賃貸マンションに住んでいた頃、寝る前の食器洗いが苦痛で仕方ありませんでした。賃貸でしたから、私の欲しいビルトインタイプは設置できません。でも、ストレスがMAXに達した私は大家さんと交渉し、100万円の自腹を切ってビルトインの食洗機を入れてしまったのです。洗い物が面倒だから外食で……ということが減ったのはもちろん、この経験がのちにマンションを買って使い勝手のよいキッチンを作るのに役立ったことは言うまでもありません。

あなたのキッチンは、たとえばフライパンの上に鍋を重ねて収納していて、それらをどかさないと取り出せないようになっていませんか？ じつはこうした小さなストレスの積み重ねが、自炊が面倒になって出費が増える原因になります。棚板を買って、棚を増やすだけで解決するのに、やらない手はありません。「節約のために自炊しよう」と考えると憂うつになりますが、使いやすいキッチンなら、自炊もきっと苦にはならないはずです。

PART 4

お金を増やそう

暮らしは昔とガラッと変わっているのに、
お金についてはいつまでも古い価値観のままではないですか？
それは、とてももったいないことです！
意識と知識をアップデートして、
お金を増やしていきましょう。

どうすればお金を増やせる?

ところで先生、さっきの『自ら行動する』ってどうすればいいのかわからなくて…
うーん
節約だけじゃ貯まらないしねー
それはね
ズバリ投資よっ！
と、投資〜？
やだ難しそう…
実は私前から興味はあったのよね
えっ
そうなの!? 投資ってなんだか怖くない？
はぁ…よく知りもしないではなから危険と決めつけるような思考停止はダメよっ
キッパリ
まずは投資を理解すること！やる、やらないはその後の話
投資するにしてもまずは将来設計を立ててどんな投資スタイルが自分に向いているかを診断してから
最近ではiDeCoやNISAといったおトクな優遇制度もあるしね
おトク!?
その文字には弱いわよね〜
でも先生投資するにもお金が必要でしょ？投資資金の準備がネックで…
そんなことないわよ毎月数千円を積み立てていく投資だってあるんだもの
オオッ
だったら私たちにもできそうね
よーし、投資で金運上昇よっ!!
ゴゴゴゴ
ちょっと！落ち着いてー!!

先取り貯蓄を投資や保険に回して足りない老後資金をカバーしよう

引き出しにくいからこそ じつは貯蓄が苦手な人向き!

シニア世代になると「投資なんかに手を出して、もし元本割れしたら、取り返しがつかない」と思っている人も少なくありません。あるいは、「外貨建ての貯蓄性保険? とにかくやったほうがいいんでしょ?」と、慌ててよく理解しないまま手を出そうとする人もいます。

どちらもシニア世代が投資や保険に向き合う姿勢として、おすすめできるものではありません。確かに、これからの生活を支える大切なお金を目減りさせるようなハイリスクな投資は、すべきではありません。でも、ひと昔前は現金払いが当たり前でしたが、今では大半の人がスーパーでもキャッシュレス決済で買い物をしています。投資についても同様で、今は大きなお金を用意せずとも、少額から始められるものがたくさん登場しています。

お金の常識は、日々刻々と変化しているのです。

だからこそ、投資や保険について書かれた本やセミナーなどで積極的に学び、意識と知識をアップデートしていきましょう。

不足している老後資金を補うには、収入を増やすか、支出を減らすかして、お金を貯めるしかありません。ただ現実には、これ以上の貯蓄は難しいと感じている人が多いのではないでしょうか。でも、諦めることはありません。お金に働いてもらえばいいのです。先取り貯蓄が習慣化できたら、預金として置いておくのではなく、先取り貯蓄していたお金を投資や保険に回して増やしていきましょう。

既に銀行に１００万円以上預けていて、それを5年以内に使う予定がないのであれば、投資や保険で運用していくことをおすすめします。

ただ、ひとり暮らしの人が病気などになって収入が途絶えても、半年ほど生活できるよう１００万円は口座に置いておきましょう。投資や保険は、万が一の備えを確保したうえで行うものだからです。

「引き出しやすいので途中で手をつけてしまう」「低金利なので増える楽しみが少ない」という、銀行口座で貯蓄する短所を解消してくれる投資や保険は、じつは貯蓄が苦手な人に向いている方法なのです。

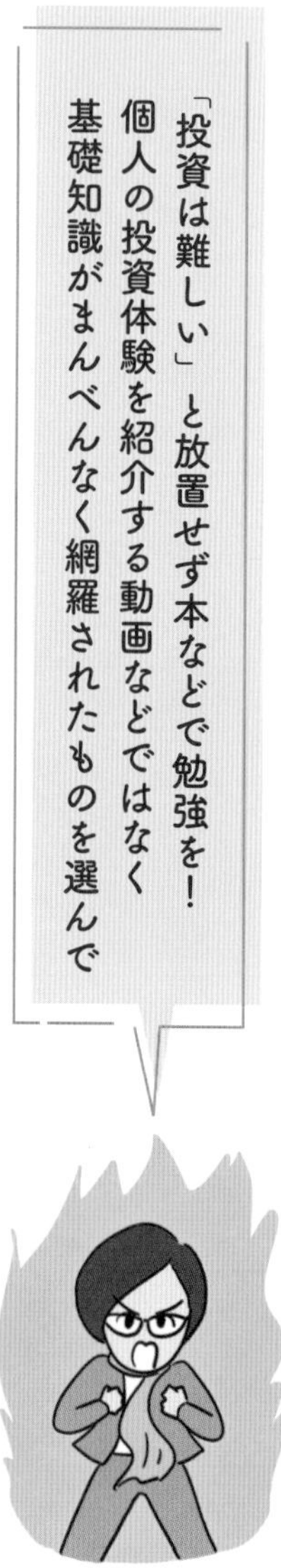
「投資は難しい」と放置せず本などで勉強を！
個人の投資体験を紹介する動画などではなく
基礎知識がまんべんなく網羅されたものを選んで

投資は2大リスクへの備えになる！

長寿の時代、投資でお金を増やして2つの大きなリスクを回避しましょう。

① 長生きリスク

人生100年時代は、働いていた期間と定年後の期間がほぼ同じ。長生きするほど不足する可能性の高い貯蓄を、投資や保険で増やして補う必要性が高まっている。

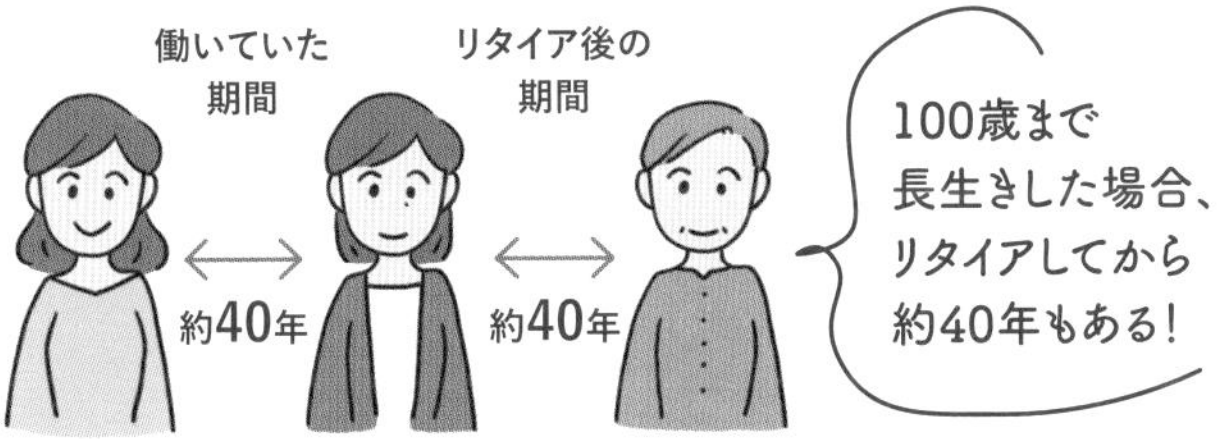

② インフレリスク

銀行にお金を置いておくだけでは、物価上昇時にお金が目減りすることに。物価上昇は企業の株価アップにつながりやすく、投資商品＝インフレに強い資産といわれる。

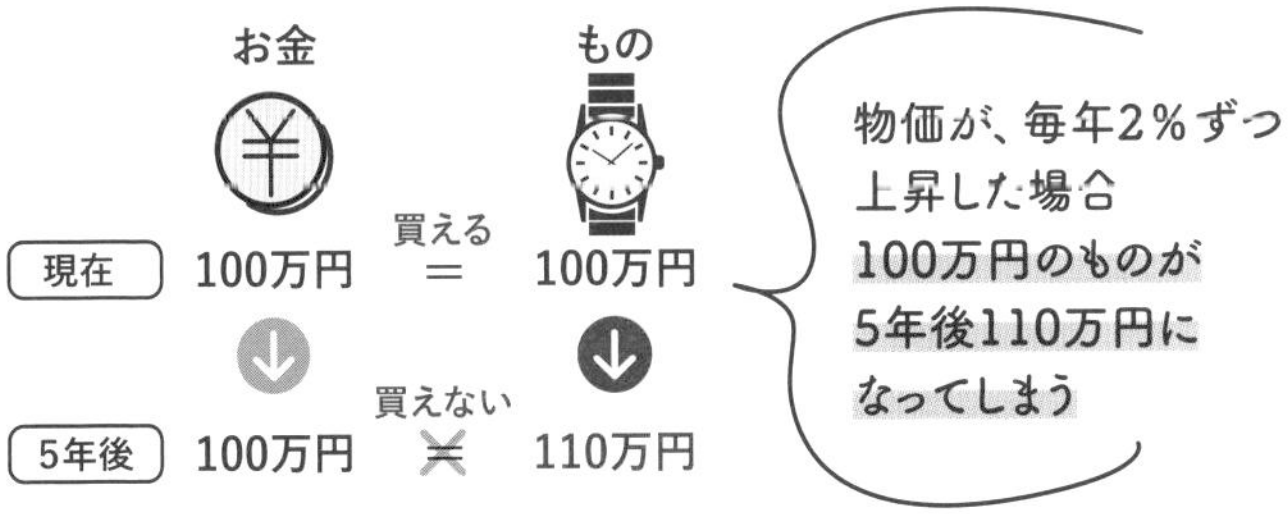

ひとりシニアの投資デビューは「投資信託」が第一の選択肢

少額から始められ
分散投資でリスクが軽減

そもそも投資とは、利益を期待して投資商品を自己資金（元本）で購入すること。利益は確約されているわけではなく、元本も保障されていません。運用実績によって、利益が上がることもあれば、元本割れすることもあります。

投資商品には、投資信託や株式、債券、不動産などさまざまなものがあります。この中で、最も手軽に始められるのが投資信託です。

投資信託の特徴は、次の3つです。

❶少額から始められる

❷手軽に分散投資できる

❸専門家により運用される

人気企業の株式は株価も高く、なかなか手が出せるものではありません。また、その企業が成長すればリターンが大きい反面、倒産すれば紙切れになってしまうリスクをはらんでいます。

そのため、異なる値動きの商品を組み合わせることで、リスクを分散するのが望ましいのですが、よほどの資金力がない限り、自分で一度にさまざまな株式や債券を買うのは現実的ではありません。

その点、投資信託は、少額でも多くの人からお金を集めることで、資産運用の専門家であるファンドマネージャーが国内外の株式や債券などに分散投資を行っています。だから、「まとまったお金を用意するのが難しい」「大きなリスクを取りたくない」というシニア世代でも、少額から分散投資ができるのです。

では、銀行の積立タイプの定期預金とどれくらいお金の増え方が違うのでしょうか。今、積立定期預金の金利は０・００２％程度が一般的です。月１万円を20年間積み立てると、２４０万円積み立てて、約２４０万４７８円。なんと４７８円しか増えません。

それに対し、毎月１万円を20年間、平均３％の利率で積立投資すると、２４０万円積み立てて、約３２７万円。87万円（税金は考慮していません）も増やすことができるのです。

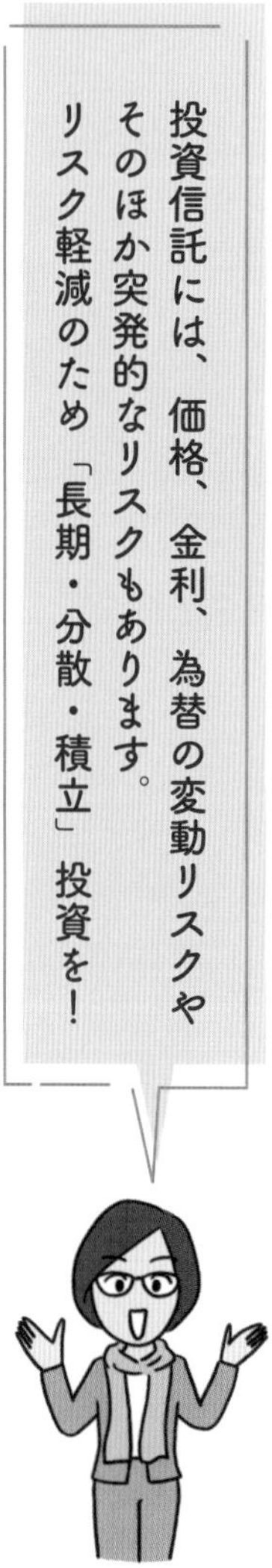
投資信託には、価格、金利、為替の変動リスクや
そのほか突発的なリスクもあります。
リスク軽減のため「長期・分散・積立」投資を！

投資商品の特徴とお金の増え方

それぞれの特徴やリスクを考慮して、自分に合ったものを選びましょう。

●種類と特徴

株式	企業が資金調達のために発行。業績や経済情勢などに左右されるため、ハイリスク・ハイリターン。
債券	国や企業などが、資金借り入れのために発行。利息が受け取れ、満期には元本が戻る。株式に比べローリスク・ローリターン。
＼おすすめ！／ **投資信託**	投資家から預かった資金で、専門家が株、債券、不動産などに投資。多様な種類・地域の金融商品に分散投資し、リスク軽減。

●お金の増え方

〈例〉毎月1万円を「積立定期預金した場合」と「3%で運用した場合」

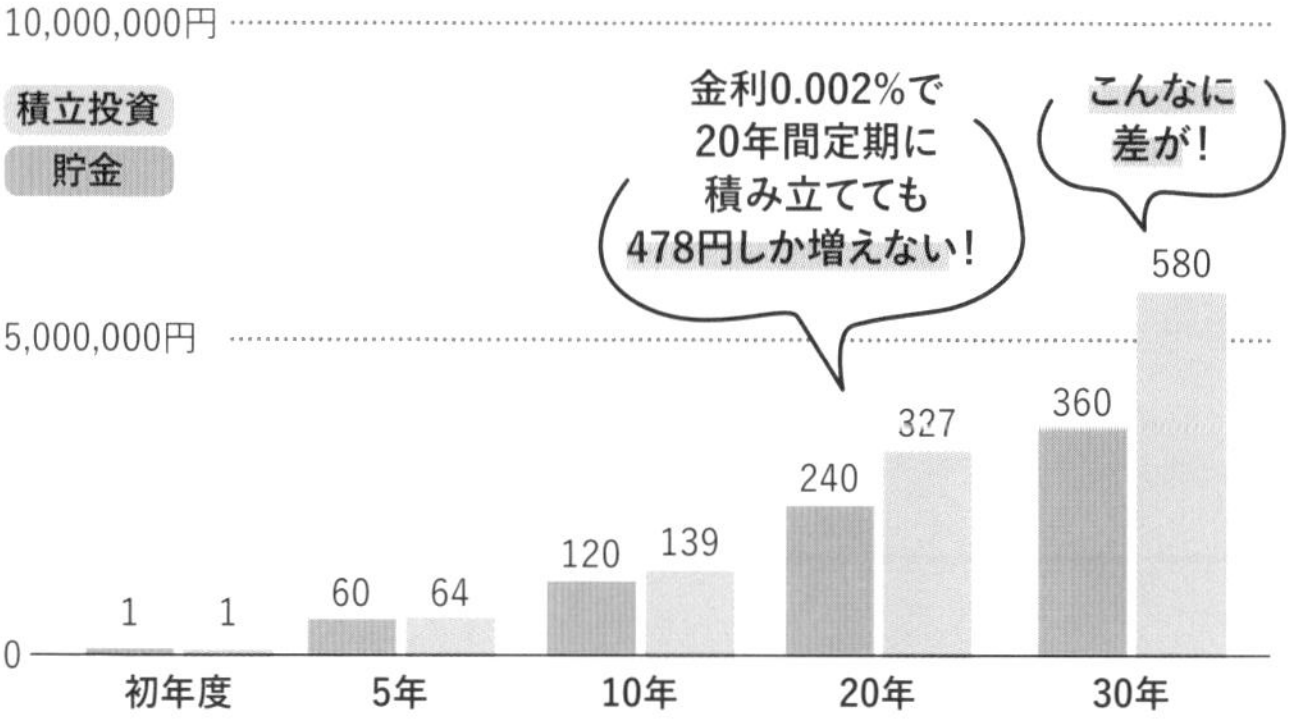

※万未満切り捨て。積立投資は複利（131ページ参照）で運用した場合（税金は考慮せず）。

投資信託を始めるならどっち？「一括投資」VS「積立投資」

ほったらかしで増えていく！投資ビギナー向きの積立投資

投資信託は「少額から始められる」とお話ししましたが、じつは投資には大きく2つの方法があります。

まとまった資金で一括購入する「一括投資」と、毎月少額ずつ積み立てていく「積立投資」です。

一括投資は、短期で大きなリターンを狙いたい人向き。株価が下がっているときにまとめて購入することで、リターンを大きくできるので、株価や相場をこまめにチェックする必要があります。

どうですか？　できそうですか？　実際のところ、なかなか難しいですよね。仮にこまめにチェックしたとしても、相場を見て買いどき、売りどきを判断するのは、投資に慣れている人でも難しいものなのです。

そこで、毎月一定額をコツコツ長期間積み立てていく「積立投資」の出番です。少額から始められ、株価が上がったり下がったりしても一喜一憂せず、ほったらかしでお金を増やしていくことが可能です。

「そんなことができるの？」と疑問に思うかもしれませんが、できるんです！

積立投資は、「ドルコスト平均法」ともいわれる投資法。価格が上がっても下がっても一喜一憂せず、高いときも安いときも長期にわたって毎回定額を積み立て購入していきます。それによって投資タイミングが分散され、価格を気にせず、量を積み上げていくことができます。

投資のリスクを軽減するには「長期投資」「分散投資」「積立投資」

が何より大切です。

毎月、銀行口座から引き落とし、積み立てる仕組みを作ってしまえば、あとはほったらかしでOKなのもうれしいところです。

そして、このドルコスト平均法を使った積立投資をするときに、シニア世代におすすめなのが、「NISA」を利用することです。これについては、次の項目で説明していきますね。

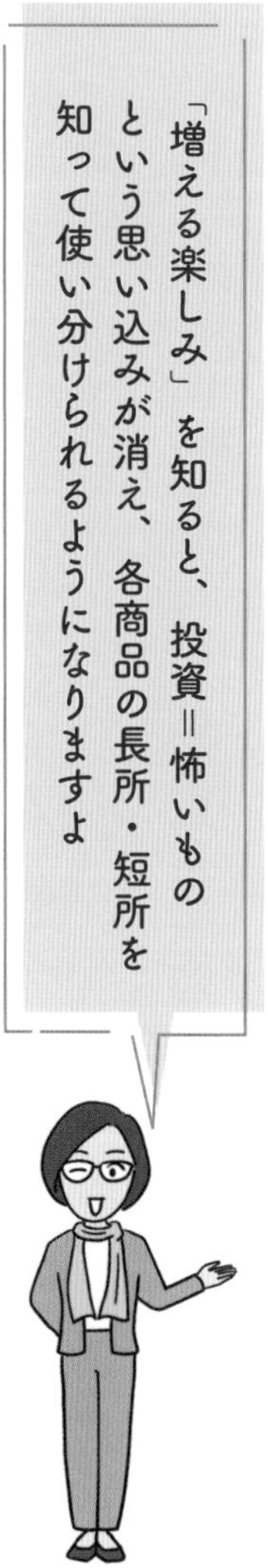
「増える楽しみ」を知ると、投資＝怖いもの
という思い込みが消え、各商品の長所・短所を
知って使い分けられるようになりますよ

ドルコスト平均法（積立投資）なら リスクを軽減しながらお金を増やせる！

理由1 「長期投資」の複利《ふくり》効果

お金が増えるのは「複利」の力。投資で出た利益を分配金として受け取らず、再び投資に回すことで新たな利益が生み出される。年を追うごとに運用できる投資元本が増えていくので、利益も雪だるま式に膨らんでいく。

利益を再投資することで
利益が利益を生んでいく
利息
元本

理由2 「分散投資」で投資タイミングを分散

価格が変動する投資商品を一定金額で積立投資し続けると、価格が高いときには少なく、安いときには多く購入できる。

りんご1個あたりの価格	1月 100円	2月 200円	3月 100円	4月 50円	5月 100円	
毎月100円分を5カ月に分割して購入	1個	0.5個	1個	2個	1個	合計 5.5個
500円分を一括購入	5個					合計 5個

高いときは少なくなる

安いときは多く買える

投資の成績は「量×価格」。価格に関わらず、「量」は積み上がるので安心

積立タイプの「NISA」でお金を使いながら増やしていこう

2024年から新制度がスタート
老後の資産形成の強い味方に

シニア世代からドルコスト平均法を使った投資を始めるなら、「NISA」がおすすめです。ドルコスト平均法は長期投資が前提なので、「シニア世代になってから少額の積み立てを始めても遅すぎる」と思っている人もいるのではないでしょうか。

しかし、これまでお話ししてきたとおり、老後資金はリタイアする60歳や65歳までに絶対に貯めなければいけないというものではありません。年金の不足分を補うためにお金を取り崩しながら増やせるNISAなら、資産を長持ちさせることができます。

NISAは、金融商品ではなく投資による運用益や配当金・分配金にかかる税金が非課税、つまり税金がかからなくなる制度です。

これまでは、年間40万円（月約3万3000円）までの積み立てに特化した「つみたてNISA」、年間120万円まで投資できる「一般NISA」の2つがあり、どちらかを選んで利用していました。

2024年1月からは、より使いやすくリニューアルされた「新NISA」がスタートします。「つみたてNISA」は「つみたて投資枠」、「一般NISA」は「成長投資枠」と名前が変わって併用が可能になり、合わせると最大で年間360万円までの投資が可能になります。

新NISAでは、非課税限度額も1800万円（つみたて投資枠600万円、成長投資枠1200万円）までと大きくなりました。さらに非課税保有期間も無期限化（恒久化）され、これまでよりも長期的な投資が可能に。この先ずっと、亡くなるまで利用できるようになり、老後の強い味方になったといえます。今まで、始めようかどうしようかと悩んでいた人も、新NISAの制度をしっかりと学んで、今後の資産形成に上手に活用することをおすすめします。

また、すでにNISAをしている人は、自動的に新NISAに移行するため、新たに口座を開設する必要はありません。ただし、ロールオーバーの制度はなくなるので、その点は注意が必要です。

シニア世代にも新NISAがおすすめの理由は、次の3つです。

❶売却益などにかかる税金が非課税

通常は、20・315%の税金がかかります。それが非課税になるので、売却益を丸々老後資金にできます。

❷非課税枠が大きくなり、ずっと投資が続けられる

これまで20年に制限されていた非課税保有期間が無期限化され、

年間360万円、合計1800万円まで非課税でずっと投資できるようになりました。ちなみに私は、限度額いっぱい毎月30万円、年間360万円を積み立て、5年間で上限を使い切り、老後資金の準備をします。毎月の収入から積み立てるのではなく、銀行預金をNISAに移すと考えれば、このように60代からでも非課税枠を使い切り、運用益や配当金、分配金にかかる税金を節税できます。

❸いつでも売却・引き出しができ、非課税枠は再利用可

基本的にはいつでも売却して引き出すことができるので、「使いながら増やす」のにピッタリです。売却分の非課税保有限度額は、翌年以降に再利用も可能です。ただし、頻繁に引き出すとお金を大きく増やすことが難しくなります。「これは75歳以降の資金」などと用途を決め、むやみに手をつけるのはやめましょう。

現行NISAと新NISA（2024年1月～）の違い

それぞれの特徴やリスクを考慮して、自分に合ったものを選びましょう。

現行NISA

	つみたてNISA	一般NISA
両制度の併用	どちらか一方	
口座開設・非課税期間	20年間（最長2042年まで）	5年間（最長2027年まで）
	※どちらも新NISAへのロールオーバー（引き続き非課税で保有すること）不可	
年間投資枠	40万円	120万円
最大利用可能額	800万円（20年×40万円）	600万円（5年×120万円）
売却枠の再利用	不可	

▶

新NISA

つみたて投資枠	成長投資枠
併用できる	
無期限（恒久化）	
120万円	240万円
2つの投資枠合わせて1800万円（成長投資枠は最大1200万円）	
可	

Point!

新NISAの成長投資枠の使い方を考えよう

「成長投資枠」の年間投資枠240万円は、一括投資ではなく、「つみたて投資枠」同様の積み立て投資をすることも可能です。つまり、1800万円の非課税保有限度額をすべて積み立て投資で使い切ることもできるということ。できる限り、リスクを抑えたいですね。

Column

60代がiDeCoを始めるメリットはある?

ドルコスト平均法を活用した積立投資ができるのは、NISAだけではありません。iDeCoもそのひとつですが、掛けられるのは65歳まで。あと数年で65歳を迎える場合、加入するかどうか迷うところです。

iDeCoとは?

自分で投資信託商品を選び、毎月定額を積み立て、60歳以降に年金として受け取る「個人型確定拠出年金」。節税効果や運用益が非課税になるメリットも。

ポイント

- 65歳までしか掛けられない
- 60歳以上で初めて加入した場合、加入から5年を経過しないと受け取れない

迷ったときは、ココをチェック!

☑ 65歳まで厚生年金に加入して、働き続ける予定がある

iDeCoの掛け金は、課税所得額から全額差し引かれ、給与にかかる所得税が減るので、60歳から始めてもメリット大。

☑ 今の年齢から掛け始めても、運用益が手数料を上回る

60歳以上で初めて加入した人は、加入から5年を経過しないと年金資産が引き出せない。たとえば62歳で加入すると、掛け金の払い込みは65歳までで、引き出し可能年齢は67歳。2年間は、積み立てたお金を運用するだけなので、運用益が口座管理手数料を上回らないと、資産が目減りする。手数料を調べてから判断しよう。

ひとりシニアこそ、貯蓄性保険。資産形成しながら不安に備えよう

お金を貯めながら、介護や三大疾病の保障も準備できる

「貯蓄性保険」は、保障を備えつつ資産運用も行う金融商品。老後の一番の心配は、病気や介護のことですよね。大きな病気をしたり、要介護状態になったら、資産形成どころではなくなってしまいます。そんな万が一のため、活用したいのが貯蓄性保険なのです。ずっと元気で過ごせた場合は、満期保険金や解約返戻金を老後の生活費にあてることも可能。どんな状況になっても、支払った以上のお金を受け取れます。

ただし、保険料も高めなので、途中で支払いが大変になって解約すると、元本割れする可能性も。ですが、そのデメリットも、途中で手をつけにくく、時間を味方につけて確実にじっくりお金を貯められることの裏返しでもあります。

つまり、貯蓄性保険は、運用次第で将来受け取れる額がいくらになるかわからず、比較的手軽に引き出せてしまう投資信託とは異なる特徴を持っています。保険と投資信託、どちらがいい悪いではなく、組み合わせて分散投資することで、リスクを抑えることができるのです。

生命保険の保障は、他の金融商品と大きく違うところです。さらに、生きている間に受け取れる介護保障や三大疾病の保障がついていれば、死亡保険は必要ないというひとりシニアにこそ欠かせないものではないでしょうか。

シニア世代には、次のような貯蓄性保険がおすすめです。

❶外貨（米ドル）建て終身保険

アメリカの債券で運用する、米ドル建ての終身保険です。これに為替リスクを軽減し、保険料の総額を少なくするために10年の短期払いで加入します。将来の解約返戻金は契約時に米ドルで確定。何年後にいくらもらえるかがわかるのは安心感が大きいですね。

円安になると支払う保険料が増えるデメリットはありますが、それは受け取る保険金も高額になるというメリットでもあります。そもそもアメリカの債券の利率は日本より高いため、円建ての保険より保険料は安く設定されています。

❷ 変額保険

保険料の一部を、「特別勘定」と呼ばれる投資信託で運用する保険です。契約時に将来の受取額がわかる他の貯蓄性保険と違い、運用実績によって、満期保険金や解約返戻金の額が増減する投資性の高さが特徴。保険料払込期間中の保険金は確定していますが、運用が不調な場合、満期保険金は減額されますので注意が必要です。

保険料は円で一定であり、外貨建て保険のように毎月保険料が変動することがないのは安心です。

❸ 一時払いの外貨（米ドル）建て生命保険

契約時に保険料を一括で払い込み、外貨で運用する保険。現在、アメリカの債券の利率が高いため10年後には約1・5倍に。死亡保障が大きく取れるものや介護保障のついているものもあります。しかし、途中解約は元本割れリスクが高いので、10年以内に使う予定がない資金で加入しましょう。

要介護状態や三大疾病になった場合、
以後の保険料の支払いを
免除される保険もあります

ふかえり先生のお金の増やし方

投資で損をしたことが
リスク分散を考える
きっかけに

「ドルコスト平均法が、一番効率的にお金を増やせる」という結論にたどり着いたのは、私がバブル期の株や投資信託に一括投資して大損したから。原因は、私自身の勉強不足。証券会社の担当者に勧められるまま、株やテーマ型で分配金が受け取れる投資信託を、漠然と「お金が増えたらいいな」という思いで、「一括投資」していました。そう、本文中で紹介した投資法とは、すべて正反対の選択をしていたのです。

それからお金の専門家となった私は、「投資対象の異なる6つの投資信託」「6つの貯蓄型保険」でしっかりお金を増やしています。

リスクを小さくするためには、投資先を分散することが大切です。また、「万が一の備え」「介護が必要になったとき」「葬儀費用」など、目的別に小分けに分散しておけば、必要に応じてひとつずつ解約できて使い勝手がいいのです。

今の60代はまだまだ元気。だからこそ、NISAの成果で旅行を楽しんだりするのもアリ。さらに70代、80代、90代に向け、コツコツ積み重ねて確実に資産を増やしていきましょう。

PART 5

これからの住まいについて考えよう

持ち家か、賃貸か。正解がわからない問題です。
ただ、ハッキリしているのは、
住まいには「安心」が大切ということ。
将来、安心して暮らせる住まいのために、
今できることを考えていきましょう。

持ち家、賃貸……住まいはどうする?

中古物件なら数百万円からあるし80歳までの返済計画を立ててれば意外に買えちゃうもんよ？
あのね
毎月返済額
(イメージ)
10.5
8
6
4
〜40代
60代
80代
80歳までのローンなんてあるの?!
す、数百万？
!?
でも先生みたいに都心でエキチカの場合1億近いんじゃ…
う〜〜ん…
そ、そーですよ！ふかえり先生は庶民の味方だと思ってたわっ
私が買ったときは平均所得のサラリーマンが普通にローン組んで買える価格だったのよ
近所の開発が進んで地価が上がったわけで今の価格なら買わないかもしれないわ
中古でも値上がりするのね！
うふ♡
さすがふかえり先生先見の明があるわ〜
なぜ都心に住みたいの？
そんなことより
それは…
買い物に便利だしー
仕事場にも近いし
友達の顔も見たいしね
都心にいなくてもできる！
今は買い物なんてネットでできるし仕事もリモートが増えたしWEB会議ツールを使えば友達とPC画面ごしにランチもできる時代よ！
メリットとデメリットを考えてまずはゴールを決めて将来設計を立てることが先決ね
ゴール！
将来設計！
ゴールを決める？
シュート
ちがーーう！

持ち家と賃貸、どちらが安心？

自分にとって「安心」とは何かを考えてみる

シニア世代になると、「年金収入だけで家賃を払い続けるのは大変だから、持ち家を購入したほうがいいのかもしれない」と考える人も少なくありません。なかには、「老後資金が心もとないから、今の持ち家を売って資金を作り、家賃の安い公営住宅などに移ったほうがいいだろうか」などと悩んでいる人もいるかもしれませんね。

19ページでも紹介しましたが、ひとり暮らしの男女の場合、60代は持ち家率54・9％。持ち家と賃貸がほぼ半々です。それが70代になると持ち家率が68・1％と、持ち家の割合が高くなります。

とはいえ、持ち家と賃貸、それぞれにメリット・デメリットがあり、どちらがベストな選択なのかは、人によって違います。

年金額や貯蓄額、親から相続する家の有無、退職金の有無、持ち家を財産として残したい人がいるか、これからどこでどんな暮らしをしたいのかなど、状況は本当に人それぞれです。

そんな中で、どんなひとりシニアにも共通しているのが「安心感が得られる住まい」の大切さです。「住むところさえあれば」という思いは、心のよりどころになるもの。ただし、これは「持ち家だから安心」という単純な話ではありません。自分の身の丈に合った家賃の賃貸住宅のほうが、無理な住宅ローンを組んで家を買い、汲々《きゅうきゅう》としながら暮らすより、よほど心安らかに過ごせるかもしれません。自分にとっての「安心」とは何かをじっくり考えて、自分の資金力とすり合わせ、これからの住まいを考えていきましょう。

持ち家を選んだ場合のお金と暮らし

持ち家のメリットを享受できるのはローン完済後

よく「賃貸は家賃を払い続けても自分のものにならないから損。持ち家のほうがお得」と言われます。実際には、持ち家と賃貸にかかるコストはほぼ同じ。どちらを得と感じるかは自分の価値観次第です。

また、ひと口に「持ち家」と言っても、賃貸から自分の購入した家に住み替えようと考えている人もいれば、自分で購入した持ち家に住みローンを完済している人もいるでしょう。また、親から家を相続して長く同じ家に住み続けている人、持ち家のローンが残っている人もいるなど、状況はさまざまだと思います。

状況別に、メリット・デメリットや対処法を見ていきましょう。

●賃貸から持ち家への住み替え

持ち家のメリットは、仕事を辞めるまでに住宅ローンが払い終わっていれば、収入が限られている年金生活の中で、住居費が管理費や固定資産税のみになり、賃貸暮らしの場合よりも格段に少なくなること。「家を買っても相続させる子どもがいないから、賃貸でいい」という人もいますが、ひとり暮らしが難しくなったとき、持ち家を売却して高齢者施設などへの入居費用に充てることができるのは、持ち家ならではの大きなメリットです。

一方で、これから20年、30年住み続けるわけですから、リフォーム費用なども貯めておかなければなりません。無謀な返済計画を立ててしまうのはNG。家賃負担をなくすために家を買う意味がなくなってしまうので注意が必要です。

これから家の購入を考える場合は、「退職までにローンの支払いを終えられるよう、まとまった額の頭金を用意できるか」が判断基準になってきます。

年齢や仕事が退職間近であることを考えると、住宅ローンが組めない可能性も。いくらの物件が購入可能で、いくらまで借り入れが可能なのか、早めに金融機関のサイトで資金計画をシミュレーションしたり、不動産会社に話を聞きに行ったりすることをおすすめします。

●自分や親が購入した持ち家に住み、ローンも完済

ローンを完済してしまえば、持ち家のメリットである「住居費負担の軽減」が享受できます。

ただ、築年数が経っている場合は、リフォームの必要性が高まります。リフォームの規模や額によっては、ローンを組んだほうがいいケースも。そうなると住宅ローン同様、年齢などがネックになります。リフォーム会社に相談してみるなど早め早めに行動していきましょう。

また、家を担保にリフォーム資金や生活資金を銀行から借りられる「リバースモーゲージ」を利用する手もあります。利息が高めに設定されているので、財産を家族に残したい人にはおすすめできませんが、独身で子どもがいない人であれば、検討する価値がありそうです。自宅に住みながら、資金を調達でき、自分が死んだら銀行が自宅の売却をしてくれるので、自宅の処分に頭を悩ませずに済みます。

●仕事を辞めたあとも持ち家の住宅ローンが残る

退職後の70～80歳まで住宅ローンが残っている場合、退職までに頑張って繰り上げ返済してもいいですし、今は住宅ローンも低金利なので、仕事の状況や年金額、貯蓄額次第では完済年齢までのんびり返済し続けるのも悪くありません。繰り上げ返済せずに浮いたお金を住宅ローンの金利以上で運用すれば、繰り上げ返済するよりおトクです。

家の購入時には団体信用生命保険に加入していますので、万が一亡くなった場合には、保険金から残りのローン残債が支払われ、完済扱いとなります。

もし、ローン返済の負担が大きく、早い段階から貯蓄を取り崩さないと生活できないようであれば、持ち家を売却して実家や家賃が割安な賃貸に住み替えることも検討しましょう。

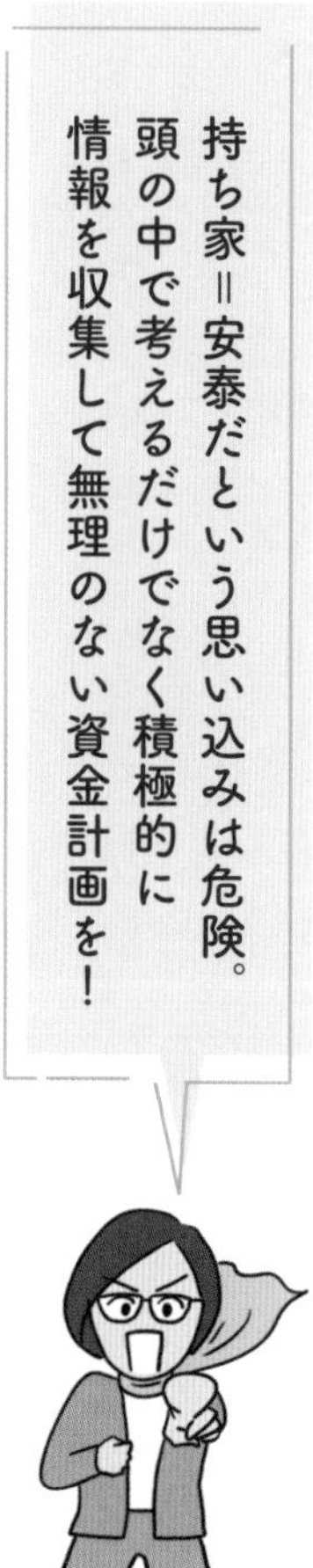
持ち家＝安泰だという思い込みは危険。
頭の中で考えるだけでなく積極的に
情報を収集して無理のない資金計画を！

ひとりシニアにとっての「持ち家」のメリット・デメリット

持ち家だから絶対安心というわけではないので、長所と短所を理解しておきましょう。

メリット	デメリット
• 何があっても、死ぬまで住むところがあるという安心感がある • 一般的に、賃貸より内装や設備の質が高い • リフォームや間取り変更の自由度が高い • ローン完済後は、住居費が軽減できる • 売却や賃貸などで、老後資金の助けにできる	• 住み替えがし辛い • ローンの返済計画によっては、老後資金が不足する • 故障や修理費は自己負担 • 売却などに手間がかかる • 管理費や固定資産税の負担がある • マンションの場合、管理費や修繕積立金などが値上がりする可能性がある • 自分が死んだあと、どうするかを決める手間がある

リフォーム資金はいくら用意すればいい？

50代以上がリフォームにかけた費用平均は

286.4万円

築年数や希望次第で変わってきますが…

まずは **300万円** を目安に準備しておこう

出典：2022年度 住宅リフォームに関する消費者（検討者・実施者）実態調査（住宅リフォーム推進協議会）

親の家を相続する予定の人は家を買う時期に要注意

家を持っていると節税できないケースも

持ち家の購入を考えている人は、同居していない親の家を相続する予定がないかどうか考えておく必要があります。

その理由は、相続時の節税効果がある、通称「家なき子特例」を利用できなくなるから。正式名称を「小規模宅地等の特例」といい、土地評価額を最大80％減額でき、相続税を節税できます。ただし、家を持っている場合は、この特例を利用できない可能性があります。

本来は親と同居している人が相続税を払えず家を失うことを防ぐ特例ですが、持ち家のない人も使えます。左ページとPART7で紹介する相続税の基礎知識と合わせて、参考にしてください。

「小規模宅地等の特例（家なき子特例）」を使える条件

該当すれば相続税を節税できるので、詳しくは税理士に相談するのがおすすめです。

土地の種類	居住用の土地
評価減	80%
上限面積	330㎡
適用を受けられる相続人の条件	❶ **配偶者**（居住要件、所有要件共になし） ❷ **同居していた親族**（居住要件、所有要件共にあり） ❸ **別居していた親族**（所有要件のみあり） ・被相続人に配偶者がいないこと ・被相続人と同居している相続人がいないこと ・被相続人が亡くなる前3年間、日本国内にあるその人又はその人の配偶者の所有する家屋に居住したことがないこと（いわゆる「家なき子」）

同じ家でも**評価額が下がると、相続時の税金が軽減**できる

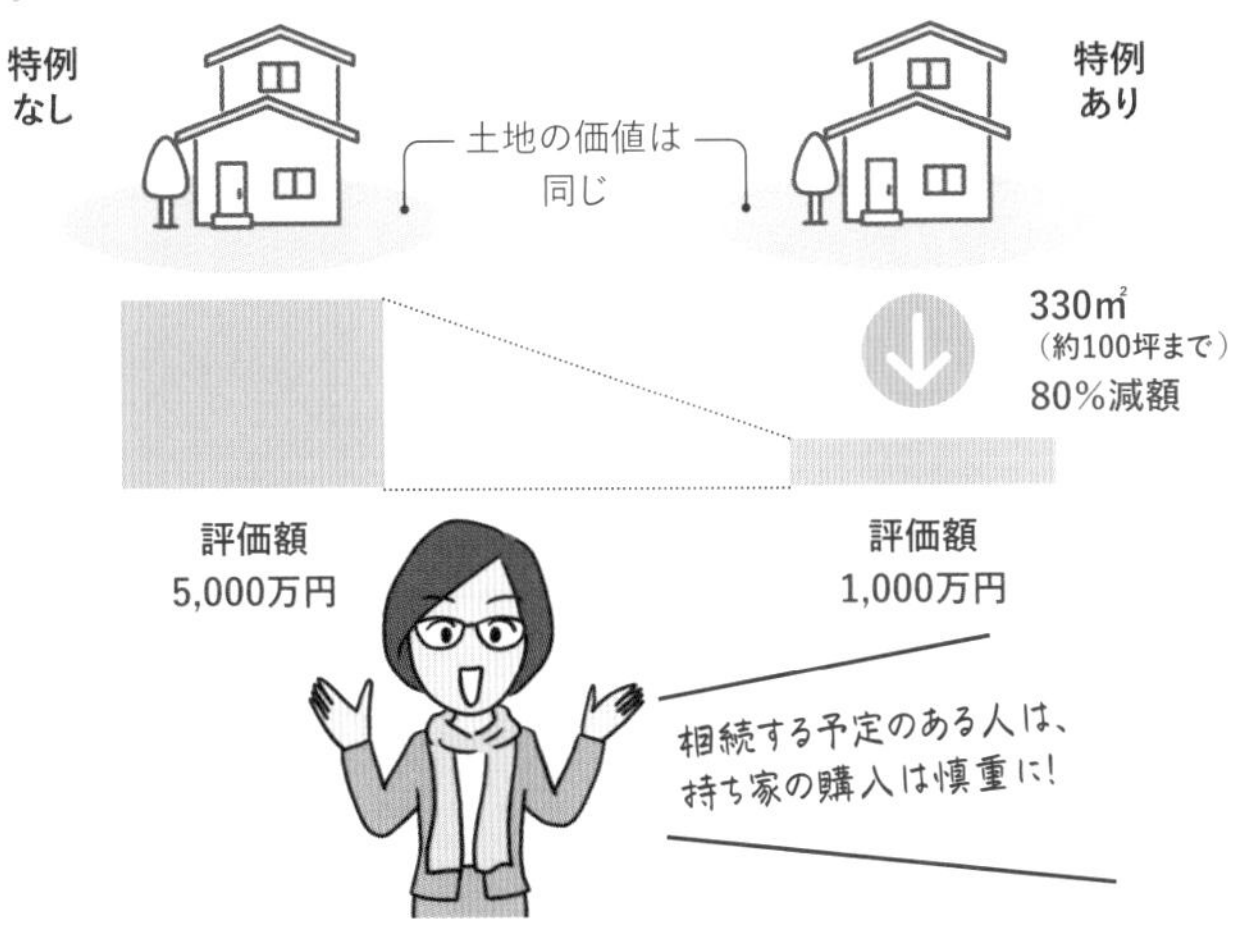

生涯、家賃・更新料を払い続けられますか？

退職が見えてきた今の時点から購入を考えるとなると、持ち家はなかなか手が出ないという人もいるでしょう。

だからといって賃貸に住み続けることを選んでも、問題が解決するわけではありません。

自分でメンテナンスする必要がなく、ライフスタイルの変化に応じて転居しやすいのは賃貸のメリットですが、収入がダウンする年金生活の中で生涯家賃を払い続けるのは、大きな負担です。

たとえば、70歳から90歳までの20年間、家賃6万円、2年に1度家賃1カ月分の更新料を貯蓄で用意すると考えてみましょう。

家賃72万円／年×20年＝1440万円
更新料6万円×10回＝60万円
1440万円＋60万円＝1500万円もの貯蓄が必要になるのです。

さらに、よく言われることですが、年齢を重ねるほど、入居や更新を断られる可能性も高まります。

確かに残念ではありますが、あなたが大家さんだったらどうでしょうか？　30歳と70歳が入居を希望していたら、よほどのことがない限り、リスクの少ない30歳のほうを選択するのではないでしょうか。これればかりは致し方ないところです。

賃貸に住み続ける場合、国土交通省の所轄の都市再生機構が運営する「UR賃貸住宅」なら、保証人不要なのでひとり暮らしでも安心ですし、シニア向けの割安な物件も豊富です。

また、どうしても家賃負担を抑えたいなら、実家に住めないか親や兄弟姉妹に相談したり、家賃が割安の郊外や、思い切って地方に移住、住み替えたりすることも検討してみましょう。独身の兄弟姉妹がいるなら、一緒に住んで家賃負担を減らすのも、選択肢のひとつです。

UR賃貸住宅

UR都市機構（独立行政法人都市再生機構）が管理・提供する賃貸住宅。「礼金」「仲介手数料」「保証人」「更新料」が不要で、シニア向けの賃貸住宅もある。

詳細
https://www.ur-net.go.jp/chintai/

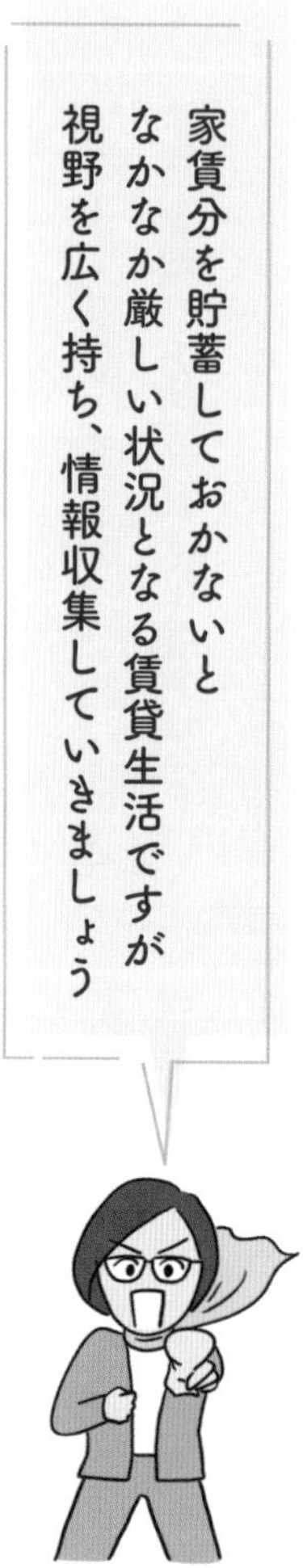
家賃分を貯蓄しておかないと
なかなか厳しい状況となる賃貸生活ですが
視野を広く持ち、情報収集していきましょう

ひとりシニアにとっての「賃貸」のメリット・デメリット

何かと不安に感じやすい賃貸。これからの住まいを考えるうえでの参考にしてください。

メリット	デメリット
・住宅ローンの負担がない ・収入やライフスタイルの変化によって柔軟に住み替えられる ・設備の故障や修理時に負担が発生しない ・シングルで相続させたい家族がいない場合は、相続の手間が不要 ・税金がかからない ・災害時の費用負担が少ない	・生涯、家賃・更新料を払い続けるが自分のものにはならない ・リタイア後の収入減に備えて、家賃分を貯蓄しておく必要がある ・同じ物件に住み続けていても、家賃が値上がりする可能性がある ・高齢になるほど、貸し渋りに遭いやすい ・高齢者優遇などがない賃貸だと、いつ退去を求められるかわからず不安

将来、どんな暮らしをしたいかで
判断することも大切なのね!

家賃負担を抑えながら理想の住まいを見つけるには

地方都市への住み替えやシェアハウスなど選択肢は多彩

生活費の中で、最も大きな出費である家賃をどう抑えるかは、賃貸暮らしを続けるうえで最大のテーマです。

地方への住み替えというと、「田舎暮らし」のイメージがありますが、車がないと生活が立ち行かないエリアへの引っ越しは、かえって生活コストが上がってしまう可能性もあります。

その点、地方の県庁所在地やそれに次ぐ第二都市であれば、駅から徒歩10分以内のマンションでも、ワンルームで手頃な家賃の物件がいろいろあります。徒歩圏内にスーパーや郵便局などがあり、少し足を延ばせば美術館や博物館などにも出かけられ、利便性はそのままに家賃負担を軽減することが可能です。

また、「猫を飼いたいけれど、ペット可の物件は高いから」「今の狭いバルコニーだと、ガーデニングが楽しめない」と諦め、やり過ごしてきた人もいるのではないでしょうか。

家賃が割安の地方都市であれば、「ペットとのんびり暮らしたい」「広い専用庭やバルコニーのあるマンションでガーデニングを楽しみたい」という暮らしに手が届く可能性が大。この機会を「家賃を抑えつつ、理想の暮らしを手に入れるチャンス」と捉えて行動を起こすのも一案です。

今後のひとり暮らしに不安を覚えているのであれば、他の人と住まいをシェアすることで、家賃負担を抑えられる「高齢者向けシェアハウス」や「ケアハウス」などへの転居も、選択肢のひとつです。

「高齢者向けシェアハウス」は、賃貸住宅の一種。複数で戸建てをシェアする形、共用部があるアパート型の集合住宅に住む形など、さまざまなスタイルがあります。入居者は自立した生活を送れることが前提なので、サービスがシンプルで家賃が抑えられており、毎週末に共用スペースで夕食会を開くなど、交流の機会が設けられています。

元気なうちから入居できる「ケアハウス（一般型）」は、自立した生活を送れる60歳以上の人が対象の軽費老人ホーム。収入によって費用が設定されており、年収１５０万円以下なら、家賃や生活費、食費、光熱費などが込みで、費用負担は約10～12万円（東京都の場合）です。

「高齢者向けシェアハウス」も「ケアハウス」も、介護が必要になったら退所するのが一般的。「終《つい》の棲家《すみか》」のことも頭に置いて検討を

「高齢者向けシェアハウス」と「ケアハウス」の違い

入居条件など異なる点も多くあるので、しっかり理解しておきましょう。

高齢者向けシェアハウス		ケアハウス（一般型）
民間の賃貸物件	分類	公的介護施設（軽費老人ホームの一種）
施設によるが、 権利金（家賃1カ月分）+敷金（家賃2カ月分）程度	入居一時金	0～数十万円
施設によるが、家賃、管理費、水道光熱費込みで数万円のところもあり、ひとり暮らしよりも比較的安く済む	月額利用料	収入で決まる（約7万～17万円程度） ※食費や水道光熱費などの生活費、家賃、事務費、管理費などを含む
戸建て型、集合住宅型など。個室のほかに、リビングなどの共用部分があることが多い	居室タイプ	21.6㎡以上。洗面所やユニットバス、ミニキッチンなどがついていることが多い（食堂や浴室は共用のことも）
• 施設によって異なるが、概ね60歳以上や65歳以上 • 女性限定などもある	入居条件	• 原則、ひとり暮らしに不安がある、健康状態に問題のない60歳以上の人 • 自治体の住民優先だが近隣住民OKのところも
共用スペースでの食事会やお茶会、近隣の畑を貸し出しての農作業、見守り安否確認、緊急対応など、施設によって異なる	サービス内容	• 食事などの生活支援サービスや緊急対応など • 介護保険の居宅サービスを利用できる
居住者が高齢者のみのところもあれば、さまざまな世代が集まる「多世代型シェアハウス」もあるので、交流を楽しみたい人向き	向いている人	• 収入に応じて利用料が決まり、利用料の中に生活費が含まれるので、生活コストを抑えたい人向き • 他人との共同生活なので、協調性がある人向き

ひとり暮らしが難しくなった場合の選択肢

施設ごとの特徴を知り将来を考える手がかりに

60代のうちは、なかなか「ひとり暮らしが難しくなったらどうするか」をイメージするのは難しいもの。さらに、高齢者向けの施設は意外とたくさんあるため、迷ってしまう人も少なくありません。

施設について、費用や何を優先したいのかを明確にしておくと、理想の施設を絞り込みやすくなります。左ページにまとめた老人ホーム・介護サービス付き施設の入居条件や特徴を参考にしながら、元気なうちから入居して最期まで過ごすのか、自宅でなるべく長く過ごして最後に移り住むのか、「自分はどうしたいか」を考える手がかりにしてみてください。

介護サービス付き施設の種類

高齢者向け施設には多くの種類があります。違いを理解して将来の参考にしましょう。

		入居条件	看取り	特徴	費用のイメージ
公的施設	ケアハウス（介護型）	・65歳以上 ・要介護1以上	施設により異なる	費用が安い。そのため、待機者が多く、入居に時間がかかる	低
公的施設	特別養護老人ホーム	・要介護3以上 ・認知症受け入れ可	施設により異なる		
	グループホーム	要支援2以上で認知症の診断を受けた人	施設により異なる	認知症高齢者が共同生活を送る地域密着型施設	↓
民間施設	住宅型有料老人ホーム	施設により異なる	施設により異なる	外部の介護サービスを利用する老人ホーム。認知症で日常的な介護が必要な場合は入居できない施設もある	↓
民間施設	サービス付き高齢者向け住宅（サ高住・介護型）	施設により異なる	施設により異なる	見守りサービスのある高齢者向け賃貸住宅。介護は、外部の介護サービスを利用する	↓
	介護付き有料老人ホーム	施設によっては自立時から入居可	施設により異なる	施設によって費用負担に幅があるが、総じて他のタイプの介護施設より高額	高

ふかえり先生の今とこれからの住まい

今の住まいで1日でも長く
ひとりでもきちんと
生きられる「自分作り」を

私は今、65㎡の分譲マンションで夫と2人暮らしをしています。うちは子どもがいませんし、やはり女性のほうが平均寿命が長いですから、いつかは私もひとりになる日がやってくるでしょう。

ひとりになったら、終の棲家をどうするか。判断能力があるうちに自宅を売って老人ホームなどに入るのか、ギリギリまで自宅で過ごすのかなど、自分で判断しなくてはなりません。

ただ、60代のうちはまだまだ元気。将来のことを頭の片隅に置いてそれとなく情報収集しながらも、1日でも長くひとりできちんと生きられる自分を作っていくことを心がけています。

といっても、特別なことをしているわけではありません。部屋をきれいに整える。健康であり続けるために、自炊をする。散歩をして体を動かす。楽しく過ごせる人間関係を築く。身ぎれいにしておしゃれをする。細々とでもいいから仕事を続ける。家計簿をつけ、お金を貯められるだけ貯めておく。家計簿つけって脳に絶対いいはずなんです。毎日ぴたりと数字が合うと、脳から快感物質が出ているに違いありません（笑）。

先のことはわからないからこそ、自分と暮らしを整え、今の住まいでなるべく長く過ごせる土台作りをしていきたいです。

PART 6

これからの暮らしや働き方を考えてみよう

人生は、思った以上に長いもの。
そのため、長く働く人も多くなってきています。
自分は何歳まで働くのか、そしてどう生きていくのか
一度じっくり考えてみることが大切です。

人生100年時代、どう生きる？

冗談じゃないわよ だって人生100年時代なんだから！
私は100歳なんて無理無理
よっこらしょっと
ウフフ
あなたみたいにポジティブなら100歳以上生きそうよ
あのね 生きるとかじゃなく生かされるのよ
生かされる？
ゴクリ
自分の意志に反して？？
生きろ～ 生きろ～
うう…
ゾワ…
医療がどんどん発達しているのよ 平均寿命も年々延びていてすでに女性だと87歳よ
平均寿命の推移（女性）
87.57歳
90
85
80
75
70
1980
2000
2021年
となると…あと何年現役でいなきゃいけないのかしら～
ハァ…
少なくとも10年は現役かもね
それより今は食べたいワ
もぐもぐ
ここは発想の転換で、寿命が延びて20歳くらい若返ったつもりで仕事や暮らし方を考え直していくべきよ！
なんかワクワクしてこない？
恐ろしいほどポジティブ!!
20歳若返ったら…
きゅるるるーん☆
引き算合ってる？
年齢以前の問題も…
…
ウフフフ♡

あなたは何歳まで働きますか？

無理なく細く長く働くことで お金の不安が消える

これまで読み進めてきて「年金額が想像より少なかった」「年金をもらい始めていて、そろそろ仕事を辞めようかと思っていたが、仮に100歳まで生きると考えると貯蓄が全然足りなそうだ」と感じた人も多いのではないでしょうか。

実際、18ページでも紹介したように、今は70～74歳の女性の4人に1人が働いている時代です。

世の中自体も70歳まで働こう、働かねばというムードになっています。

少子高齢化で年金の支え手が減り、2021年と2022年は2年連続で年金額が減額され、支給開始年齢を70歳まで後ろ倒しにするといった議論も現実味を帯びてきました。

年金だけで生活するのは難しく、何歳まで長生きするかわからない状況ではいくら貯蓄をすれば安心なのかわかりません。なるべく長く働いて現金収入を得ることが、何よりの資金不足対策になるのです。

とはいえ、お金のためにやりたくない仕事をすることは辛いですよね。かといって、「好きを仕事に」と言われても、なかなか難しいものです。

今の自分にできる仕事の中で、なんとか仕事の中に楽しみを見つけたり、自分なりに楽しく働ける工夫を重ねたり。「毎日、職場に出かけていくことで、身ぎれいにしようと気をつけるし、運動にもなっておしゃべりもできる。しかもお金まで稼げる！」と、働くことで得られるメリットに目を向けるのもいいですね。
明確にやりたいことや目標があれば「〇歳で仕事を辞める」と決めるのもＯＫ。でも、そうでなければ、そのときどきの自分の体力や健康状態と相談しながら、「無理なく、細く長く」働くことでお金の不安が解消されていくのもまた事実です。自分はどう生きたいか、どうしたいのか。じっくり考えてみてください。

給与額によっては年金が減額されますが、左ページのように比較的高収入の場合だけ。なるべく長く働くのが得策です！

働いて年金が減額されるケースもある

年金は、働いて収入を得ても受け取ることができます。ただし、ある条件下では、受給できる年金が減額されるので、注意が必要です。

条件

- 70歳まで、厚生年金保険に加入しながら働く
- 70歳以降は厚生年金に加入できないが、厚生年金保険の加入事業所で働く

この場合は

年金+賃金 **48万円以下** ▶ 年金は 減額せず

年金+賃金 **48万円超** ▶ 年金は 減額される

年金減額のイメージ

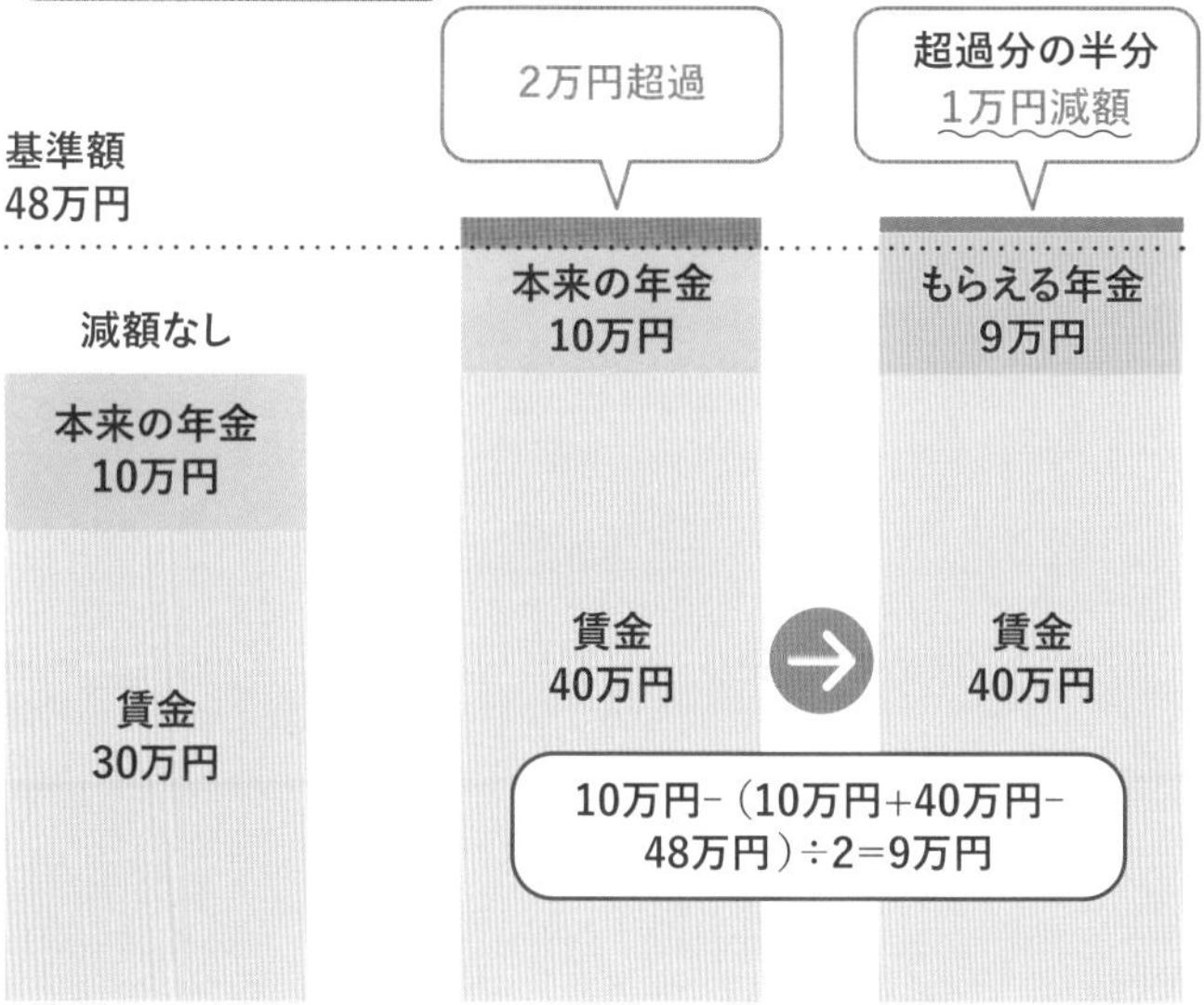

シニア世代の仕事の見つけ方

シニア世代に特化した求人もある

「働きたくても60歳をすぎると採用されにくいのでは？」と思う人もいるかもしれませんが、近年では人手不足もあり、一般的な求人誌、求人サイトなどでも、「60歳以上」「65歳以上」「70代でもＯＫ」とするシニア世代の求人を数多く目にします。

求人誌や求人サイト以外では、次のような仕事の探し方があります。

●再雇用制度

最初に検討したいのが、これまで働いていた企業に再雇用してもらうことです。継続して厚生年金に加入できることから、将来の年金額を増やすことができる点も魅力です。

ただし、同じ仕事をしているのに給料が半減する、違う部署で異なる仕事をすることになる、再雇用期間が短いなどのケースも。再雇用の条件をよく確認することが大切です。

●ハローワーク

シニア向けの求人・相談コーナーが設置されているところもあります。さらにハローワークでは、求職者向けに医療事務やビジネスパソコンスキルなどの職業訓練を行っています。受講に年齢制限はないため、シニア層の求人がある職種で挑戦してみたい分野があれば、受講するのもひとつの手です。

●人材派遣会社

登録して企業に派遣スタッフとして勤務します。フルタイムから短時間勤務まで求人があり、自分の体力や健康状態に見合った働き方が実現しやすいのが魅力。シニアに特化した人材派遣会社もあります。

●人材紹介会社

登録して、企業とのマッチングや面接などをサポートしてもらいます。雇用契約は企業と直接結びます。シニアの再就職に力を入れているところもあり、自分で仕事を探すより客観的な視点を取り入れた仕事探しで選択肢が広がる可能性があります。正社員の求人が中心なので、厚生年金に引き続き加入して年金額を増やせる可能性があるというメリットもあります。

●シルバー人材センター

シルバー人材センターは、地域ごとに設置されている公益社団法人です。一般事務や販売、翻訳・通訳、草刈り、ふすまの張り替えなど、シニアが活躍できる仕事を紹介しています。

「シルバー人材センター事業の概要2023」（全国シルバー人材センター事業協会）によれば、登録会員の働く日数は月8～9日ほど、収入は月3万6000円前後が平均となっています。

ちなみに、女性会員の平均年齢は74歳。60代のうちはバリバリ働き、体力的に厳しくなってきたらシルバー人材センターという選択肢もアリかもしれません。

●シニア求人に積極的な企業

マクドナルド、モスバーガー、スターバックスコーヒー、ドン・キホーテ、すかいらーくなどの飲食・接客業では、シニア雇用を積極的に打ち出しています。接客に抵抗がないのであれば、ホームページをチェックしてみましょう。

日々の暮らしやルーティーンを見直そう

生活が変化するからこそ
不要なものを手放しスッキリ

シニア世代はそれまでの仕事を辞めてアルバイトを始めたり、仕事をペースダウンして生まれた時間を趣味に使ったりと、生活が変化する時期。収入が減り、体力的にもできないことが増えていく中で、この機会に毎日やっていた家事や習慣、ルーティーンを見直し、今の自分に合ったシンプルな暮らしを再構築してみませんか？　それは、自分に本当に必要なものが見えてくる、シニア世代だからこそできること。たとえば、毎日掃除機をかける習慣を変え、掃除機とフローリングワイパーを一日おきに使って掃除してもいいかもしれませんね。

私自身は、60代になってスカートをやめました。もともとパンツ派だったのもありますが、まったくスカートをはかないのもどうかと思い、何となくやめられなかったのです。でも、どうせ似合わないとわかっているのに、はき続ける必要はないと手放すことを決めました。

また、以前から続けているのは、コンビニに極力行かないこと。昔は、コンビニ大好き人間で、駅を降りて家に帰る途中でコンビニに寄るのが習慣になっていました。仕事モードから気分転換したいのもあったのだと思います。新しいスイーツなどを目にしたら、買わずにはいられませんでした。一度の買い物では300円しか使わなくても、1カ月に20日間行くとチリツモで6000円に！ コンビニに一度足を踏み入れたら、何も買わずに出るのは難しいもの。コンビニになるべく近寄らないようにするだけで、時間とお金の節約になったのです。

乱れがちな生活リズムを整えるには

すべて自分次第だからこそ生活を整えて健康をキープ

ひとり暮らしは、何時に寝るかも起きるかも、何を食べるかも何を着るかも、すべて自分次第。ですが、生活が乱れてしまえば、健康を害したり、適正より体重が増えてしまったりするのが目に見えています。

ひとりの生活は、時間やお金の使い方などを自分の裁量で決められる反面、その結果には責任が伴います。健やかに、できるだけいい一日を過ごすためには、規則的な生活や計画的なお金の使い方が大切。

左ページで、私が実践している、生活リズムが整う&お金も貯まる朝と夜のルーティーンをご紹介します。どれも特別なことではなく、ちょっとしたことばかりですので、ぜひ参考にしてみてください。

ふかえり先生がやっている!

朝・夜5分のルーティーン

洗面所を拭く

使ったら洗面台や蛇口、鏡をすぐ拭くことを習慣に。とくに鏡がピカピカだと、気分も明るくなります。

ベッドを整える

ベッドメイキングは、起きたらすぐにするのが鉄則。部屋を占める面積が広い分、全体がスッキリと片づいて見えます。

窓を開け 空気を入れ替える

新鮮な空気を吸えば、目覚めもスッキリ!
よどんだ家の空気が入れ替わると、明るい気持ちで一日をスタートできます。

テーブルの上を片づけて花を飾る

花のオンラインストア「FLOWER」で1回約2000円の花を買い、ダイニングや洗面所に飾っています。気持ちよく過ごせるなら、無駄な出費にあらず!

FLOWER　https://flowr.is

明日の洋服の準備

前日に用意しておけば、朝コーディネートを考える煩わしさがなくなります。時間に余裕がある夜に、クローゼットの中の服をチェックすると、無駄な買い物を防ぐ効果も。

外食派も自炊派に転身すれば自然に食費が抑えられる

毎日の食事、料理はどうする？

ひとり暮らしのお客様と話していると、「料理は苦手。あまり家で自炊はしません」という人が少なくありません。お金を稼ぐ代わりに時間のなかったこれまでは、それでよかったかもしれません。でも、収入が減っていくこれからは、自炊すれば食費が自然に抑えられ、貯蓄に回せます。健康にもよく、いいことずくめです。

別に、変わった調味料を揃えたり、インスタに投稿するようなおしゃれな料理を作ったりしなくてもいいのです。ちなみに私は、普段は簡単な鍋や炒め物で済ませ、外食は何となく行くのではなく、本当に食べたいものだけ食べるようにしています。

ふかえり先生が食べている！

普段の日のカンタンおかず

疲れて何もしたくないときでも、これならササッと食べられます。

具だくさん味噌汁

冷蔵庫の余った野菜や肉、卵を入れた味噌汁は、それだけで立派なおかず。キャベツの芯も捨てずに煮込んで具にしています。セロリの葉を入れると、彩りもきれい。また、野菜炒めの残りを具にすると、味に深みが増しておすすめです。

納豆

ご飯にのせるだけで、主食とおかずが摂れる納豆。納豆はタレを使わず、そのまま食べるのがお気に入り。豆そのものの、濃い味を感じられます。卵に小口切りのネギと納豆を入れ、付属のタレで味付けをして卵焼きにしてもおいしい。

キノコのマリネ

美肌を作るビタミンB群が豊富なキノコ。エノキタケやシメジなど数種類炒め合わせてマリネを作り、常備菜にしています。キノコのマリネの残りは、お味噌汁に入れることも。少し酸味が出てさっぱりいただけるので、暑い夏にピッタリ。

シニアになってもおしゃれ心を忘れずにいよう

身ぎれいにしていると自然と気持ちも前向きに

先日、会社を退職した方がこんなことを言っていました。家にいる時間が増えて、部屋着の「ゆるゆる化」が進行。宅配便の人が来ても、恥ずかしくて目も合わせられないそう。さすがにまずいですよね。

家の中でも、人を迎えられる程度の身だしなみは整えておきたいもの。もちろん外出時は、思いっきりおしゃれを楽しんでくださいね。

シニア世代は、良質なものを身に着けることも大切です。今はフリマサイトなどでいいものが安く買えますから、上手に活用しましょう。

ちなみに私は、シルクのスカーフが大好き。フリマサイトで状態のいいものを探して購入、身に着けて出掛けるのが楽しみのひとつです。

ふかえり先生が実践!

新しい服を買わずに変化をつける スカーフアレンジ術

シンプル&ベーシックなコーディネートに、スカーフで個性や遊び心をプラスするのがふかえり先生流! タンスの肥やしになっているスカーフがあれば、ぜひ参考にしてください。

三角スライド巻き

三角形に折ったスカーフを、サイドでひと結びする巻き方です。コーディネートに華やかさをプラスしたいときにおすすめ。

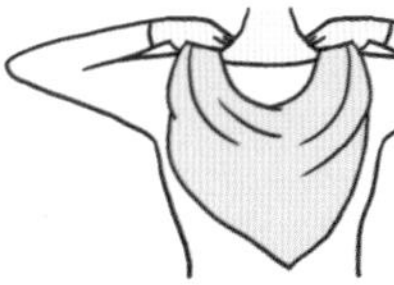

1 スカーフを三角形に折り、両端を首の後ろでクロスする

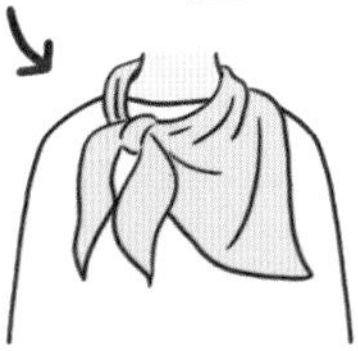

2 クロスした部分をサイドにもってきて、固結びする

ツイスト結び

首元で結ぶだけで、さり気ないアクセントに。形が崩れにくく、装いに上品な印象を与えます。

1 スカーフの裏面を上にして、両側の角を中心に向かって折る。そのまま中心に向かって半分に折る

2 もう一度、中心に向かって折る

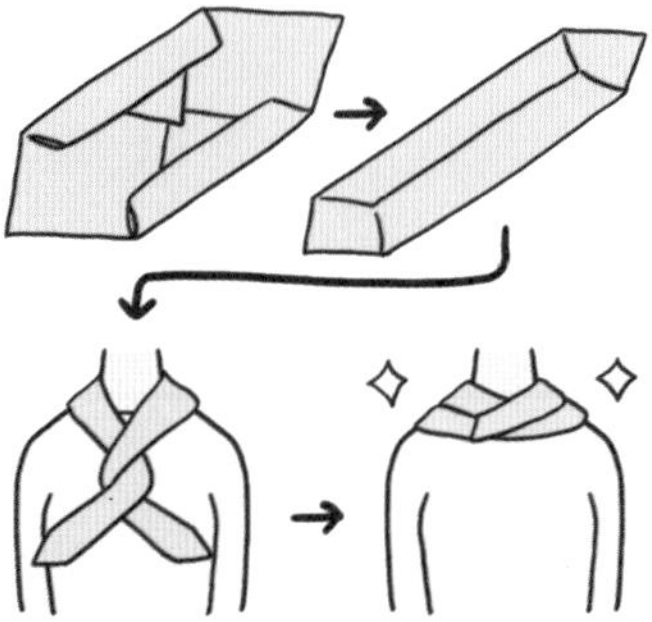

3 スカーフを首にかけ、左右の端を同じ長さにする。左右の端を持ち、前で二度クロスさせる

4 左右の端を首の後ろにもっていき、小さく固結びをする

これからの人間関係をどうするか

限られた時間とお金は本当に一緒にいたい人のために使おう

仕事を辞めて年金生活に入ると、誰と付き合うか、この人とどれくらいの距離感で付き合うか、といった人間関係を自分で選択できる余地が広がります。お付き合いで飲みに行ったり、同僚との付き合いが苦痛だったという人は、思い切ってこれまでの仕事や職場での関係をリセットするのもアリ。

私も会社員時代、お酒が飲めず、おいしくない料理のために数千円払わねばならないことを腹立たしく思っていたクチ。お中元やお歳暮、年賀状も必要ないと思えばやめてしまってもＯＫです。

もちろん、「会っていて楽しい」と思う人がいれば、お付き合いを深めたっていいのです。また、時間ができて毎朝散歩などをするようになれば、これまであまり交流のなかった地域の人と知り合うこともあるでしょう。挨拶程度でいいと思うのか、もっと仲良くなってお茶するくらいの関係になりたいのか、自分で決めることが可能です。

こちらが距離を詰めたいと思っても、相手がそうでなければ思うようにはいきませんが、それはそれ。万が一のときのために、頼れる人間関係を作っておくことは大切ですが、必要以上に孤独を恐れて人間関係を作ろうと焦る必要もありません。限られた時間とお金は、あなたが本当に一緒に過ごしたい人のために大切に使いましょう。

ちなみに、私の知人の独身女性は、飼っている犬の散歩で知り合った「犬友」と熟年結婚しました。まったく結婚する気などなかったのに、そういうこともあるから人生は面白いですね。

生きがいとなる趣味は
案外、身近な日常の中にある

いつまで元気でいられるのか、いつどんな病気になるかは予想がつきません。ただ、健康を維持できるよう意識することは誰にでもできます。これからの生活では、お金も健康もどちらも欠かせないもの。元気でないと何も楽しめませんからね。

２０２３年版世界保健統計（ＷＨＯ）によると、日本女性の健康寿命は75・５歳で世界一となっています。でも、すべての日本女性がこの年齢まで必ず元気に過ごせるとは限りません。

一番の健康法は、やはり自炊です。あとは運動も欠かせません。最近では、筋肉量が多いほど長生きすることがわかってきました。運動

神経の鈍い私ですが、ダイエットと筋力強化を兼ねて週1回の加圧トレーニングを続けています。

いわゆる「趣味」と言えることがあれば、生きがいにもつながります。でも、私自身は「趣味を見つけなければ」と奮闘するより、必要に駆られてやらなくてはいけない日常のあれこれの中に、夢中になれることが隠れているように思います。

私にとっては、それが「片づけ」です。何が楽しいって、キッチンの引き出しを開けて、ラーメンや乾物をきれいに並べられたときの気持ちよさといったら！ ぐちゃぐちゃだったものが整然と美しく並んでいるのを見るのが好きですし、生きがいなんです。そういう視線で、日常を見つめ直してみませんか？ 案外身近に、ワクワクできるハマれることがあるかもしれません。

SNSとの上手な付き合い方

最初は知人への近況報告から気軽に始めてみよう

SNSは、ソーシャルネットワーキングサービスの略。インターネット上における、ユーザー同士の交流を支えるサービスのことです。興味はあっても、なかなか踏み出せないという人は、まずSNSを通じて家族や知人に近況を発信するところから始めてみてはいかがでしょうか。どんな映画を観たのか、どこへ出かけたのかなどの投稿を通じて生存を知らせる気持ちで、相手から反応がなくても一喜一憂せず気軽に始めてみてください。そのうちに、第三者から「素敵な写真ですね」などと反応があり、世間が狭くなりがちなシニア世代には、なかなか出会えない、同じ感性を持つ人とつながれる可能性も。

自分にあったSNSを見つけてみよう

自由に発信できるSNSでも、人の悪口は書かない、住所を特定される写真や情報はアップしないなどのルールを守って使うことも大切です。

X（エックス）

旧Twitter。140文字以内の文章や画像、動画を投稿（ポスト）すると、他のユーザーがリアルタイムで見ることができる。

こんな人におすすめ

- □ 写真より文章を書くほうが好きな人
- □ テレビや映画の感想を誰かと共有したい人
- □ 自分の考えを述べるより、心情や感情を表現したい人

Blog（ブログ）

Web上の日記のようなもの。文章と写真を投稿できる。情報の鮮度の高さが求められるSNSとは違い、時間がたってもコンテンツの価値が低下しないのが特徴。

こんな人におすすめ

- □ 意見や批評を文章で残したい人
- □ X（旧Twitter）より長い文章を書きたい人
- □ 文章と写真の組み合わせで表現したいことがある人

Instagram（インスタグラム）

写真と短い動画をメインで投稿するSNS。ビジュアル重視の「映《ば》え写真」が人気。

こんな人におすすめ

- □ 写真を撮るのが好きな人
- □ ペットや趣味の写真を投稿したい人
- □ 自分の世界観を表現したい人

YouTube（ユーチューブ）

動画の投稿・閲覧を主とした動画共有サービス。閲覧者数の多い動画投稿者は、広告収入を得られる。

こんな人におすすめ

- □ 動画に出ることに抵抗がない人
- □ 動画制作ができる時間的余裕のある人
- □ 専門性を持った人（ファイナンシャルプランナーや英会話講師など）

家をきれいに整えるには「帰宅後の5分」がポイント

その日の汚れは翌日に持ち越さない

部屋の汚れを放置し続けていると、掃除にとても時間がかかります。部屋をきれいに保ち、気持ちよく暮らすには、汚れを溜めないのが一番。そのためには、毎日「帰宅後の5分」が勝負です。

仕事や買い物から帰ってきてから一度、座り込んでしまうと、もう動くのが嫌になってしまいますよね。だから、帰宅後の勢いを利用して、次の3つを一気にやってしまいます。

❶今日のバッグの中身を全部出す

❷トイレ掃除

❸お風呂洗い

部屋着に着替えたら、バッグの中身を全部出します。それは、翌日、洋服に合わせて違うバッグを使うことになっても、「財布はどこ?」と探し回らないため。レシートなどのごみも捨てておきましょう。

次はトイレを、お掃除シートなどでサッとひと拭き。汚れを溜めないことで、ブラシで何度もこすらずともきれいを保てます。最後にお風呂掃除を済ませ、終了です。

掃除に時間と体力を使いたくないシニア世代は、「帰宅後の5分」を習慣にして、大がかりな掃除を減らしていきましょう。

あとは、部屋に人を招くのもいいですよ。私はいつも床掃除はロボット掃除機にお任せですが、人を招くときは丁寧に、掃除機や雑巾がけをします。生活費の中で最もコストがかかっているのは住居費ですから、いつでも人を呼べる家にして、しっかり使い倒しましょう。

ふかえり先生が実践！

お家の整理整頓術

「趣味はお片づけ！」というくらい、整理整頓が大好きなふかえり先生の自宅から、収納アイデアを紹介します。

キッチン

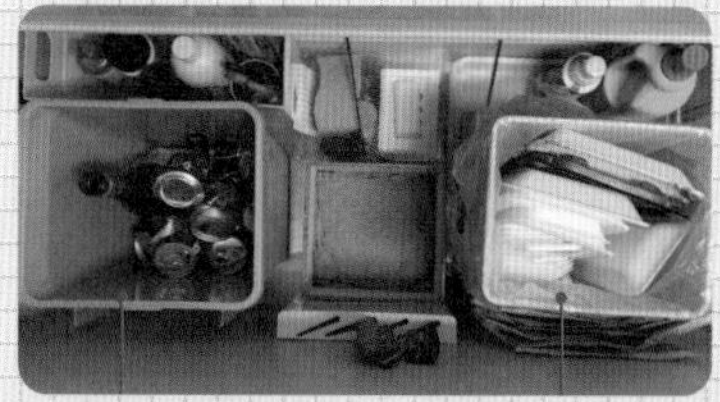

空き缶や空きビン　プラスチックごみ

流しの引き出しの中には、缶詰や乾物、キッチンまわりの掃除道具を収納。また、**空き缶や空きビン、プラスチックごみも洗って入れておけば、部屋にゴミ箱を置かずに済みます。**

毎日使う調味料も、外に出しっぱなしにせず、引き出しへ。調理器具も引き出しの中に立てて入れておけば、使うときサッと取り出せます。

調理器具
調味料など

洗面所

鏡の裏は、化粧品類の収納スペース。化粧をするときは、鏡の前に立ってササッと。

タオル類は、すべて白色で統一。サイズも合わせて、見た目もスッキリ！

歯ブラシ

引き出しには、愛用の**歯ブラシをストック。立ててしまっておくと、**必要なときに取り出しやすく、残りの数も一目でわかります。

クローゼット

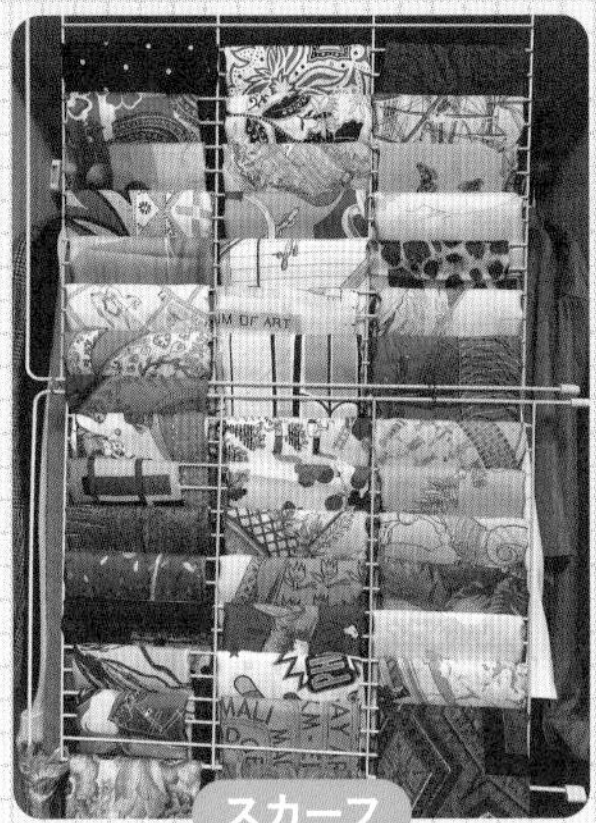

スカーフ

頻繁に使うスカーフは、取り出しやすいよう掛けて収納。1000円ほどで購入した、ストーブ用のガードを利用しています。奥にはオフシーズンの洋服を。

Tシャツ類

引き出し2段を占めているのは、ボーダーと無地のトップス。こんなにいらないのですが、好きだから仕方ありません。畳んでから立てて収納すると、目当てのものを見つけやすく、取り出すときもスムーズです。

ボトム

見えるようにしておかないと着なくなるので、薄型のハンガーで吊るして収納。

バッグ

バッグ類も同様に、玄関前の壁面収納に収納。ひとつひとつ仕切って置いています。

アクセサリー

アクセサリーは玄関前の壁面収納へ。扉の裏側にフックを取りつけて、ネックレスをぶら下げています。こうすると、からまらず、手持ちのアクセサリーも一目瞭然。

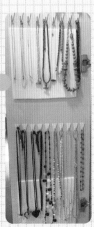

クリーニングパーティーのすすめ

おしゃれ心を満たしながら新たな仲間とつながれる

私が友人と一緒にこれまで数十回開いてきたのが、「クリーニングパーティー」です。負担は会費3000円だけ。あとは、クローゼットの中に眠っている不要な服やバッグなどを持ち寄り、気に入ったものを何でも持ち帰れるイベントです。残ったものは婦人保護施設などに寄付しています。

「お金を貯めなきゃ」「家を片づけなきゃ」と思っているのに、新しいものを欲しがってしまう自分に罪悪感を持ったことのある女性は多いはず。でも、やっぱり新しいものを手にしたときのときめきは、何物にも代えがたいもの。不要なものをパーティーに出すことで家が片づき、捨てる罪悪感や買ったことへの後悔を手放すことができます。最近は化粧品の出品が多く、化粧品代がかからなくなりました。

　何度も開催するうちに、私の知人と友人の知人がつながって一緒に仕事をするようになった人もいます。

　あなたも開いてみませんか？　仕事や趣味とともまた違う思わぬつながりから、一生付き合える仲間が見つかるかもしれません。

クリーニングパーティーの様子

1 家の中で眠っていたバッグや、新品のポーチなど。不要なものが無駄にならないのは、うれしいもの
2 アクセサリー類も大量に出品。気に入ったものはいくつでも持ち帰れる
3 靴のほか、購入すると値が張る着物の帯なども

ふかえり先生の居心地のいい暮らし

できるだけものはしまって
スッキリした空間で
暮らしたい

今はとにかく「捨ててものを少なく」という時代。もちろん、捨てたければ捨てていいのです。でも私は、きちんと収納できるなら、無理して捨てる必要はないと思っています。「今は着ていなくても、5年後に買った洋服と合わせたらピッタリだった」「1年に1回しか出番がないけど、このイベントにはこの食器がなくちゃ」ということがあるからです。

ちなみに収納は「見せる派」と「しまう派」がいると思いますが、私は断然「しまう派」です。料理をするときの調味料やフライパンも、仕事の文房具も、出かけるときの洋服やバッグも、「パッと取り出せて、サッとしまえる」よう工夫しています。いろんな色の本の背表紙や雑然とした調味料が目に入ると、ごちゃごちゃして気持ちが落ち着かないんですよね。だから、うちのマンションは絵を飾るスペースがないほど、壁を壁面収納にリフォームしました。

家がスッキリ片づくと、ものを買うときや捨てるときの判断基準が明確になり、「買い物上手」「片づけ上手」「貯蓄上手」になれるんです。家の中をスッキリ片づけて、必要なもの、好きなものに囲まれる暮らし。それが私にとって、居心地のいい生活なんです。

PART 7

いざというときに備えておこう

親の介護や相続、そして自分自身のこと。
ひとりだから不安なことが
たくさんあるのではないでしょうか。
でも、大丈夫。できる限り「今」、備えておくことで
いざというとき慌てずにすみます。

備えあれば憂いなし！

これ実用的！買いだわっ！
100円均一
100円だからってすぐ飛びつかないの～
グラッ
じ、地震！
きゃーっ！
大変大変たいへーん!!
ワー
ワー
ちょ、ちょっと落ち着いて！頭を守りながら棚から離れて！
ワー
ワー
さっきはこの世の終わりかと思ったわ～
あいかわらず大げさね～
ふー
でも、いずれ大地震が来るとも言われているから、危機意識は持っておかないと
あなたもね
あなたたちはきちんと避難用グッズは用意してる？
通帳やキャッシュカード印鑑を入れたポーチなら…
ここだけの話…テファーニの宝飾品類はゴッチのカバンに…
キリッ
初恋の人との交換日記もらった制服のボタンは学生カバンに…

やはりね～
それなら
旅行セットを
用意しておきなさいよ
?
旅行セット？
緊急事態なのに
旅行行くんですか？
ふかえり先生ったら
ポジティブが
すぎますよ
そうよね～
だって考えてみて、
旅行バッグには
何が入ってる？
洗面道具や
最低限の衣類
軽食なんかが
入ってない？
これ避難グッズと
ほとんど同じなのよ
しかしこのぶんだと
ほかの備えも
してなさそうね…
ほかの？
たとえば？
ナルホド
!?
まあ
お金に関連した
ものよね
親の介護費用に
相続…
あなたたちだって、
いつ何があるか
わからないから
備えはマストよ！
確かに…
親も自分もまだ元気って
思いがちだけど…
誰にでも必ず
くるものだものね…
緊急連絡先も
誰にするか
今から決めて
おかないと！
それと！
それは
先生に～
ズバッ
お断りします

意外に大きな出費にはどんなものがある？

見落としがちな親の介護費
早めに親と話しておこう

リフォーム資金や自分の介護費などは、準備しておこうと考えている人が多いと思います。でも、「親の介護費」を見落としていませんか？予想外に親の介護費を負担することになり、貯蓄を減らしてしまう人は意外に多いもの。でも、いきなり親に「介護のお金ある？」なんて聞けないですよね。

そこで90ページで紹介した「保険一覧表」の出番です。「私はこんなものを作ったんだけど、お母さんはどんな保険に入ってるの？」というのをとっかかりにして、お金の話をしておきましょう。これで将来の不安がひとつ取り除けます。

シニア世代の意外な出費をおさえておこう

驚くような大きな額ですが、だからこそ預金だけでは大変。
投資や保険を組み合わせ、効率的に将来に備えましょう。

リフォーム資金 300万円

かかる費用は築年数や広さ、希望によってまちまちですが、
最低でもこれくらい用意しておくと安心です。

自分の介護費 500万円

どこで最期を迎えたいかにもよりますが、500万円が
ひとつの目安です。貯蓄や保険で用意しておきましょう。

＋

親の介護費 500万円

もし親に備えがなかったら、あなたや兄弟姉妹が
負担することに！

↓

トータル 1000万円以上 かかるケースも！

親の介護について考えておこう

自らリーダーシップを取り介護体制を組み立てて

　自分の介護にも不安があるかもしれませんが、幸いなことに介護が必要になるのは、おそらくまだだいぶ先。考える時間はたっぷりありますし、自分のことは自分ひとりの裁量で決断できます。

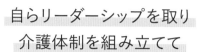

　それが親のことになると、介護が必要になる時期はもうすぐそこ。しかも親自身の考えも尊重しなければなりませんし、お金のことはもちろんのこと、誰がどのように介護に関わるか、兄弟姉妹とも相談しながら協力し合わなくてはなりません。
　親の面倒をみるのは「独身」「子どもがいない」人になることが多いようです。なんで自分が……と理不尽な気持ちになるかもしれませんが、ここは考え方次第。自分に介護が必要になったときのリハーサルだと考えてみませんか?

また、最終的にやることになるのであれば、自分がリーダーシップを取ってしまったほうが、むしろスムーズにできるという面もあります。「施設のパンフレットを集めて」「この申請、お願いしてもいい?」と自分が中心になって介護体制を組み立ててしまいましょう。

共同で親の面倒をみるとなると、「そんな介護じゃお父さんがかわいそう」「お金だけ出している人に口出しされる筋合いはない」など、それぞれが自分の意見を口にしてもめごとになりがちです。

でも、円滑に事を進めたいなら「家庭内営業」のつもりで、相手の地雷は踏まず、「ありがとう」を会話の中に散りばめて、お互いに機嫌よくいられるようにしていくのが正解です。

私には弟がいますが、何十年も別に暮らし、お正月やお盆に会うくらいでは、お互いのことをわかっているようで何も知りません。子どもの頃とはまるで別人です。つい弟には姉目線で接してしまいますが、相手も立派な大人。もう私の知っている弟ではないのです。

身内だからこそ、「親しき仲にも礼儀あり」と思って接することを心がければ、考えの違いもすんなり受け入れられるはずです。

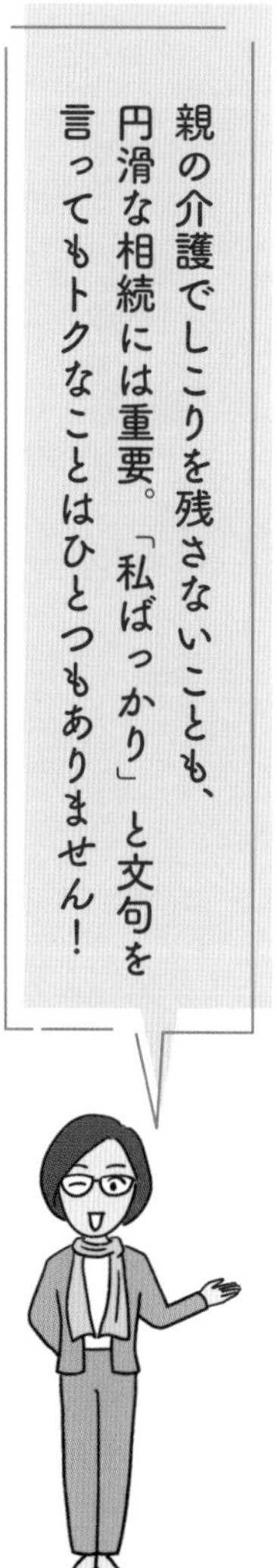
親の介護でしこりを残さないことも、円滑な相続には重要。「私ばっかり」と文句を言ってもトクなことはひとつもありません！

介護にかかる「期間」と「費用」の目安

在宅介護のほうが費用が抑えられますが、施設でプロに任せたほうが気持ちにゆとりを持って親と接することができるというメリットも。
どちらが親と自分にとって幸せか、よく考えてみてください。

介護が必要な期間はどれくらい？
↓
平均5年1カ月

家で介護する場合の費用は？
↓
平均4.8万円／月

施設で介護する場合の費用は？
↓
平均12.2万円／月

具体的な数字を知っておくと、
よりリアルに実感、
準備ができるはず！

出典：（公財）生命保険文化センター「生命保険に関する全国実態調査」2021（令和3）年度

スムーズに親の遺産を相続するには

専門家などの第三者がいると親も財産について話しやすい

人生でまとまった額を手にできる機会は、そうないもの。今は昔ほど退職金が出ませんし、退職金をもらえる働き方をしていない人も増えていますから、親からの遺産相続は大きなチャンスといえます。

こんなことを言ったら、不謹慎だと思いますか？　でも、お金が欲しいか欲しくないかと聞かれたら、もらえるものなら欲しいに決まっていませんか？

大切なのは、自分の中の「遺産＝お金が欲しい」という気持ちを素直に認めること。欲しいのであれば、兄弟姉妹でスムーズに分けることができたほうがいいですよね。だからこそ、身内ではなく他人と接するスタンスで、介護から相続までをもめずに気持ちよく乗り切っていくことがポイントになってきます。

また、親とできるだけ早く相続について話すことができれば、相続税を節税できるだけでなく、親の資産を増やす手伝いをすることができ、増えた資産を相続できることになります。

親のプライドにも関わってくるのでなかなか触れにくい話題ではありますが、ここで88ページで紹介した「資産一覧表」が役立ちます。これがあれば、保険の話をするついでに「保険の一覧表のほかに、資産の一覧表も作ってみたんだよね。お父さんも、やってみたら？」と切り出しやすいでしょう。

どうしても話ができないというのであれば、ファイナンシャルプランナーなどの第三者に間に入ってもらうのもひとつの手です。子どもに直接言われたら「財産を狙ってるのか！」と激高する親も、専門家が相手なら感情的にならず、落ち着いて話ができるものです。せっかく築いた資産を効果的に子どもたちに譲り渡せるのですから、本来は親にとっても悪い話ではありません。専門家を有意義に活用してくださいね。

親が元気なうちにしてもらうべきことを左ページにまとめました。これはそのまま、ひとりシニアがしておくべきことに重なる部分もありますので、自分に当てはめて考えてみてください。

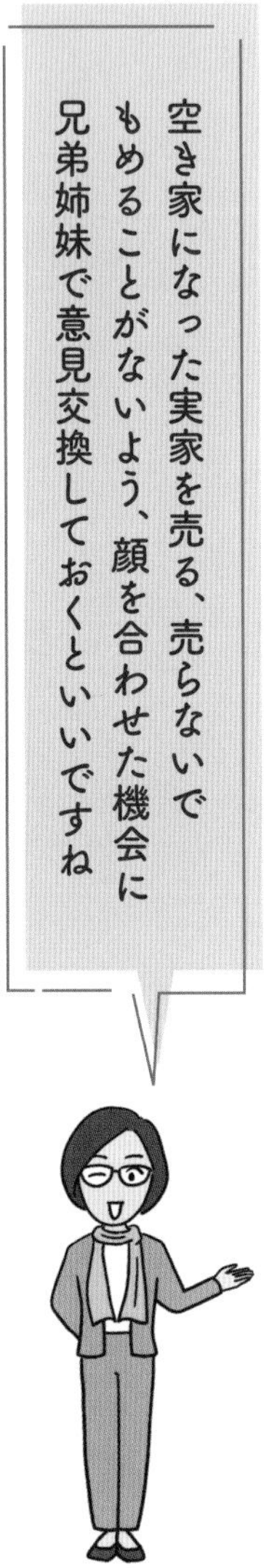
空き家になった実家を売る、売らないで
もめることがないよう、顔を合わせた機会に
兄弟姉妹で意見交換しておくといいですね

親が元気なうちにしてもらうべき3つのこと

介護や相続は、いつかは直面する問題です。
先送りせず、今のうちに準備してもらいましょう。

1 資産一覧表を作ってもらう

親の財産がどれくらいあるか、把握しておきましょう。資産一覧表を作ってもらってもいいですし、親が財産を見せたがらない場合などは、一緒に白紙から作っていってもいいでしょう。

2 公正証書遺言を作ってもらう

いきなり「遺言書いて」はさすがにNG。まず、親に「財産の分け方を決める」「財産を受け取る側に了承を得ておく」の2点をお願いし、兄弟姉妹の間で親の決めたことを共有します。決めた内容に沿って、**親に公正証書遺言（214ページ）を作成しておいてもらうと、遺産分割がスムーズ**です。

3 将来売るのに困ることが予想される不動産を売っておく

現時点で売るのに苦労している家や土地は、これからますます売れなくなります。親が認知症などになって、資産の状況がわからなくなってしまう前に手を打っておきましょう。

相続税について知っておこう

じつは相続税を納める必要があるケースは少ない？

相続税が課される人の割合は、国税庁によると2020年で8・8%。大半の人は相続税を納める必要がありません。**3000万円＋600万円×法定相続人の数**で算出する「基礎控除額」があるからです。課税される相続財産の額が、この控除額を超える場合にのみ相続税がかかります。父親に先立たれていた母親が亡くなった場合、法定相続人はあなたと妹の2人である場合、**3000万円＋（600万円×2人）＝4200万円**までの財産なら相続税はかかりません。ですが、相続税がかかるかかからないかわからないうちは、落ち着かないもの。だからこそ、早めに親の資産を把握しておいたほうがいいのです。

相続でもめない&損をしない4つのポイント

相続税がかかるにせよ、かからないにせよ、身内でもめたり、
思わぬ損をしないために、今から押さえておくべきポイントを紹介します。

1 相続税がかかるギリギリのラインなら、専門家に相談する

相続税がかかるかかからないか微妙な状況なら、自己判断せず、専門家に相談を。**相続の方法を工夫すれば、相続税の負担を回避できる可能性**もあります。

2 親や兄弟姉妹と気軽に相談できる関係性を作っておく

たとえ相続税が発生しなくても、少ない遺産をめぐって「争続」が起きるケースも。「親に感謝しながら、兄弟姉妹で遺産をケンカせず分け合う」ために、**日頃からいい関係を築いておきましょう。**

3 生前贈与し、相続財産を減らす

相続税がかかる場合には、生前贈与という選択肢も。贈与税には、財産をもらった人ごとに110万円／年、非課税枠があります。これを活用して**相続財産を減らすと、相続税が抑えられます。**

4 生命保険の相続税の非課税枠を活用する

生命保険には「500万円×法定相続人の数」という非課税枠があり、節税に活用できます。

大切な人のために公正証書遺言を作成しておこう

公証人が作成してくれるので書き方がわからなくても安心

今度は、自分が亡くなった場合の相続についてみていきましょう。

独身で子どもがいない場合の法定相続人は、父母→祖父母→兄弟姉妹→甥や姪の順になります。亡くなってしまえば財産なんてどうなろうが関係ないという考え方もありますが、ひとりでも連絡が取れない人がいると手続きが進みません。自分が遺産を渡したい人に確実&スムーズに渡るようにするには、88ページでお話しした通り、資産一覧表を作り、遺産の分け方を決め、各人に了承を取っておきましょう。

さらに、法的に不備がないよう公正証書遺言を作っておくと安心です。遺産の分け方について、あなたの死後に不満を言い出す人がいないとも限りません。また、法定相続人が兄弟姉妹のみの場合は、遺留分（遺言がなくても最低限保障される遺産取得分）がありません。そのため、遺留分を気にせず、遺産配分を考えることができます。疎遠な兄弟姉妹より、死後を託す甥や姪に多く残したい、あるいは共感できるＮＰＯに寄付したいなど、法定相続人以外に遺産を渡したい場合には、公正証書遺言を作っておくことをおすすめします。

難しそうに感じるかもしれませんが、裁判官、検察官、弁護士として法律実務に携わった経験豊かな公証人が対応してくれますので、安心です。私が遺言書を作成したときは、教えられた必要書類を準備して数回メールでやり取りし、最後に保証人２人と署名捺印をして完成。達成感と未来に向かうエネルギーを得ることができました。私のクライアントさんも、何人か作成して喜んでいただいています。

緊急連絡先、身元保証人を確保しておこう

知人に頼むのは年齢的に難しい まずは兄弟姉妹に相談を

部屋を借りるとき、入院するとき、介護施設などに入所するときは、「緊急連絡先」や「身元保証人」が必要になることがあります。

緊急連絡先は、文字どおり入院や災害時、本人と連絡がつかないときなどの緊急時に必要となる連絡先のこと。身元保証人は、入院費や家賃などを支払えなくなったとき、寝たきりや認知症などで判断力を失ったとき、代わりに支払いや治療の判断を行う人のことです。また、入院時や施設入所時に死亡した場合には、身元保証人に連絡が行き、身柄の引き取りを行うことになります。

比較的若いうちは兄弟姉妹が健在で頼むことができても、次第に亡

くなるなどして身近でお願いできる人を見つけるのが難しくなってきます。友人でも、条件をクリアしていれば認められる場合もありますが、年齢的に難しいことが多いのです。

シニア世代になると、親の介護や相続などで、兄弟姉妹で集まる機会は増えているはずです。兄弟姉妹からすると、あなたが老後どうするつもりなのか、自分の息子や娘に負担がかかるのではないかと気になっていることでしょう。相手からは話を切り出しにくいので、あなたのほうからどれくらい老後資金を用意しているか、介護が必要になったときにどう考えているのかなどを伝えておきたいところです。まだどうするか決めていなくても、きちんと考えているということを伝え、身元保証人などについても甥や姪にお願いできないか相談してみてもいいでしょう。

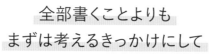

エンディングノートを書いてみよう

全部書くことよりも
まずは考えるきっかけにして

エンディングノートは、終活に関する自分の考えや希望などを残しておくもの。市販品でも、普通のノートやPCで自作してもいいと思います。２２１ページに、自分の死後、後を託す人が困らないために、必要な情報の一覧を紹介しているので、参考にしてください。

とはいえ、まだ書けないところもたくさんあると思います。でも、「いざというとき、延命治療をするかどうかも決めておかなくちゃ。後を託す人に判断させるのは酷だものね」など、今後重要なことが明確になり、自分がどうしたいかを考えるきっかけになるでしょう。

なかでも、前もって考えておきたいのが、２１６ページでも取り上げた「緊急連絡先」や「身元保証人」です。特に身元保証人は、入院時や施設入居時だけでなく、認知症になった場合の財産管理から死後の葬儀・納骨、相続手続きまで、膨大な労力を要します。甥や姪がいても、遠方に住んでいて対応が難しい場合もあるかもしれません。ひとりっ子や、親族と疎遠で気軽に頼める間柄ではない人もいるでしょう。

頼める人がいない、親族に負担をかけたくないという場合、民間のNPOや企業が提供している、親族の代わりに保証人になったり死後の手続きを行ったりするサービスを利用する方法もあります。

たとえば、NPO法人の「りすシステム」（※1）は、あらかじめ受けたいサービスを自分で決め、生前契約しておくシステム。契約が契約通り履行されたか、第三者機関がきちんとチェックします。最初に申込金ほか20万円を支払い、生前サポートを頼むなら20万円、死後手続きを頼むなら50万円を預託金として預け、そこからサービスを受けるたびに料金が差し引かれます。サービス料金は、1名対応・3時間以内で5000円＋交通費実費。預託金は、一定額を下回ったら補充し、解約時には返金されます。身元保証人は、1件につき5000円＋安否見守りサービスの契約が必要です。少なくない費用負担が発生するので、シニア身元保証協会（※2）など、他と比較検討してみてください。

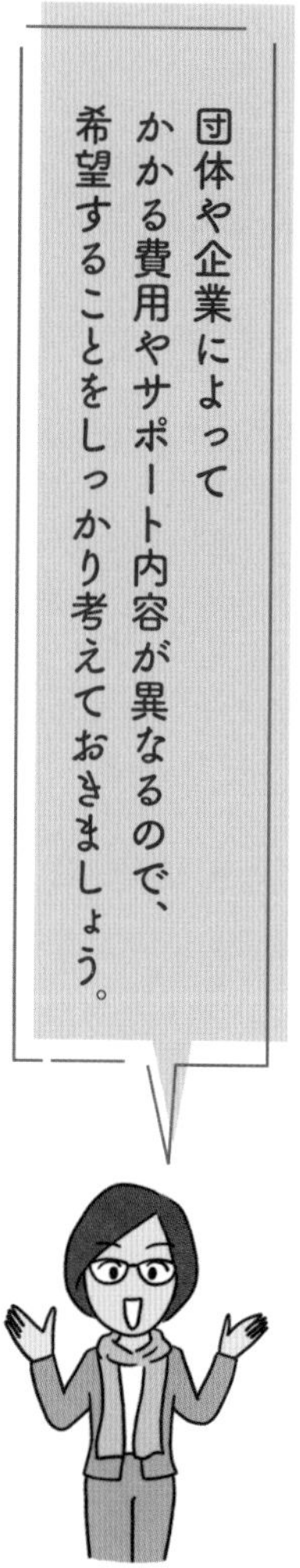
団体や企業によって
かかる費用やサポート内容が異なるので、
希望することをしっかり考えておきましょう。

※1 NPO法人「りすシステム」 https://www.seizenkeiyaku.org/
※2 シニア身元保証協会 https://www.senior.or.jp/

エンディングノートに書いておきたいこと

今は書ける項目だけでも構いません。
書くことで、まずは終活を考えるきっかけにしましょう。

□ 基本情報	**氏名、生年月日、出生地、住所、本籍地、電話番号（固定・携帯）、運転免許証番号、マイナンバー**など、自分自身の基本情報
□ 履歴書	相続時には、あなたの出生時から死亡時までの**戸籍謄本**が必要に。これまで住んだ**住所**のほか、**学歴や職歴**なども記載しておく
□ 家系図・親族図	家系図や親族図を作ると、関係が明白になり、**相続人の負担軽減**にもつながる
□ 緊急連絡先・身元保証人・死後の手続きなどを行う人	216ページ参照
□ 認知症になったときの財産管理を託す人	上記と同様の人や機関のほか、**成年後見制度**も利用できる
□ 寝たきりになったときの対応	体がどんな状態になったら**どんな施設に入りたいか、自宅で介護サービスを利用し続けたいのか**など、希望を書いておく
□ 好みの食べ物など	**食の好みや好きな色**を書いておくと、話すことが難しくなったときに、好みに合った食事や洋服を提供してもらう手助けになる
□ 延命治療の希望	人工呼吸器の使用や、栄養補給などの**延命治療を希望するか**どうか
□ 希望する看取り	**最期を迎える場所**は自宅か、病院や施設かなど
□ 葬儀の希望	一般的な葬儀か、家族葬かなど、**葬儀の希望の形式**を書く
□ 亡くなったことを知らせてほしい人の一覧	**友人知人の連絡先やメールアドレス**などをリストアップしておく

ひとりシニアのお金とこれから

おいしそう！
ここの名物なのね
わぁ～
でもこんなに食べきれないかもミキさん、割り勘で買って2人で分けない？
サッ
もちろんいいわよ
ヤヨイさん、そのカーディガン素敵じゃない
あ、これ、フリマサイトで買ったんですよ前から狙ってたの半額以下でした！
ドヤッ
お買い物上手ね！
えっへん！
当然ですよおしゃれは賢く楽しまないと！
それにしてもあなたたち随分成長したわね
最初なんてそれはもうヒドくて
頼もしいわ！
アハ…
先生のお陰ですよ！
この調子だと私がいなくても大丈夫そうね！
私の役目も終わったわね
いえいえ、これからもよろしくお願いしまーす！
頼りにしてまーす！
まだまだお世話になりまーす！
わ～～！
そろそろ解放して～!!!

著者　深川 恵理子（ふかがわ えりこ）

ファイナンシャルプランナー（AFP）、家計の整理整頓アドバイザー®、証券外務員II種、生命保険募集人、損害保険募集人、相続士、終活士。「みらいのお金クリニック」アルシアコンサルティング株式会社所属。外資系ファッションブランド、外資系生命保険会社勤務を経て、ファイナンシャルプランナーとして独立。50～60代を中心とした、シニア女性のお金の悩みを解決。セカンドライフに向けた資産形成や、誰でも続けられる「2分de家計簿」を考案、伝授している。著書に『たった2分！ 50歳からのガマンしない貯蓄術』（雷鳥社）がある。
オフィシャルサイト：https://www.fukaeriblog.com/

ナツメ社Webサイト
https://www.natsume.co.jp
書籍の最新情報（正誤情報を含む）はナツメ社Webサイトをご覧ください。

本書に関するお問い合わせは、書名・発行日・該当ページを明記の上、下記のいずれかの方法にてお送りください。電話でのお問い合わせはお受けしておりません。
・ナツメ社webサイトの問い合わせフォーム
https://www.natsume.co.jp/contact
・FAX（03-3291-1305）
・郵送（下記、ナツメ出版企画株式会社宛て）
なお、回答までに日にちをいただく場合があります。正誤のお問い合わせ以外の書籍内容に関する解説・個別の相談は行っておりません。あらかじめご了承ください。

STAFF

デザイン	GRiD（釜内由紀江、清水 桂）
マンガ・イラスト	ヤマサキミノリ
原稿作成	伊藤彩子
校正	玄冬書林
編集協力	株式会社シーオーツー（奥山蘭子）
編集担当	田丸智子（ナツメ出版企画株式会社）

将来《しょうらい》への備《そな》えは賢《かしこ》く、楽《たの》しく！
ひとりシニアのお金《かね》と暮《く》らしの基本《きほん》

2023年12月5日　初版発行

著　者　深川《ふかがわ》 恵理子《えりこ》
発行者　田村 正隆

発行所　株式会社ナツメ社
東京都千代田区神田神保町1-52　ナツメ社ビル1F（〒101-0051）
電話　03-3291-1257（代表）　FAX　03-3291-5761
振替　00130-1-58661
制　作　ナツメ出版企画株式会社
東京都千代田区神田神保町1-52　ナツメ社ビル3F（〒101-0051）
電話　03-3295-3921（代表）
印刷所　広研印刷株式会社

ISBN978-4-8163-7450-0
Printed in Japan